JN080701

指導と学習の
国際比較

よりよい数学授業の実践に向けて

OECDグローバル・ティーチング・インサイト (GTI)
授業ビデオ研究報告書

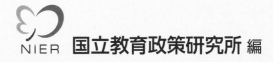

NIER 国立教育政策研究所 編

はじめに

　本書は、2018年（平成30年）に実施されたOECD（経済協力開発機構）「グローバル・ティーチング・インサイト：授業ビデオ研究」（GTI：Global Teaching InSights: A Video Study of Teaching）の国際報告書を基に、日本にとって特に示唆のある内容・データを中心に整理・分析したものです。

　GTI（調査実施時はTALIS Video Studyと呼ばれていました）は、数学の授業分析を中核とする、指導と学習に関するOECDによる国際調査の新しい試みです。国立教育政策研究所は、GTIの調査枠組みの開発時期からOECDおよび国際コンソーシアムと協力し、日本における調査の実施を担当しました。本書は、本研究の報告書を日本語により刊行するものです。

　GTIでは、実際の数学授業を撮影してそのビデオを分析することにより、教員の指導実践や生徒の学習状況について客観的なエビデンスを得ることや、指導と学習成果の関係を分析することを目的としました。授業分析に用いた分析コードは、質の高い指導実践に向けて、参加国・地域全てで同じ水準の評価ができるようデザインされています。日本では、静岡県の静岡市教育委員会、埼玉県の熊谷市教育委員会と戸田市教育委員会の御協力をいただき、各市の全ての公立中学校と、関東地域および静岡県の国立大学附属中学校を調査対象としました。最終的に73校、89人の数学教員と、数学教員それぞれが授業を担当するクラスの生徒にご参加いただき、国際的な基準を満たすデータを収集することができました。

　調査の実施にあたっては、各校の担当者の方々に、授業撮影への御協力に加え、各種書類や資料の配付・回収等にも御協力をいただきました。静岡市教育委員会、熊谷市教育委員会、戸田市教育委員会および各学校、関東地域と静岡県の国立大学附属中学校には、連絡調整等の御協力をいただきました。東京学芸大学の国際算数数学授業研究プロジェクト（IMPULS）の皆様には、分析・教員研修支援等の御協力をいただきました。調査の実施にご参加・御協力いただいた全ての関係者の皆様に、この場をお借りして心より感謝申し上げます。

　本報告書は、GTIの実施に携わった以下のメンバーで分担執筆しました。

※（　）内の所属は調査実施当時のもの。

松原　　憲治　　国立教育政策研究所　教育課程研究センター・基礎研究部　総括研究官：
　　　　　　　　　全体総括、第1章、第4章4.1、4.5

大浦　　絢子　　同　国際研究・協力部　国際調査専門職：全体整理、第1章、第4章4.1、
　　　　　　　　　第6章

長谷川　仁子　（同　国際研究・協力部　国際調査専門職）：第2章

伊志嶺　吏人　（同　国際研究・協力部　国際調査専門職）：第3章

松田　　菜穂子（東京学芸大学　専門研究員）：第4章4.2、4.3、4.4

河原　　太郎　（同　国際研究・協力部　国際調査専門職）：第 5 章
大萩　明日香　（同　国際研究・協力部　国際調査専門職）：第 7 章

　　現在、新型コロナウイルス感染症に対応した「新しい生活様式」が求められ、ICT の活用をは
じめとし、学校における教育環境は、教員の立場においても生徒の立場においても大きな変化の中
にあります。GTI では、実際の授業ビデオを分析するというアプローチによって、より直接的に
授業の実践を可視化することができました。今後の指導と学習の実践を世界規模で検討することの
先駆けにもなるものと考えています。本報告書が、我が国の教育現場の先生方や政策担当者、研究
者の方々をはじめ、教育に関わる多くの皆様に様々な形で活用され、より質の高い授業の実践にい
かされることを願っています。

　　2021 年 3 月

国立教育政策研究所　所長

・　浅田　和伸

OECD グローバル・ティーチング・インサイト（GTI）授業ビデオ研究報告書：概要

＜調査概要・目的＞

- 経済協力開発機構（OECD）による指導と学習に関する国際調査の新しい試みであり、授業ビデオの分析を行うことが特徴。
- OECD によるこれまでの国際調査では、教員に対するアンケート調査によって、指導実践や学習状況を把握しようとしていたことに対して、実際の授業をビデオ撮影して分析することにより、指導実践や学習状況について客観的なエビデンスを得ることが目的。
- 加えて、授業を受けた生徒にテストを実施することにより、指導と生徒の学習成果の関係を分析。

＜調査対象＞

- 調査対象単元（二次方程式）を指導する数学教員とそのクラスの生徒（日本では中学校第 3 学年）。
- 国際ガイドラインでは、1 か国・地域につき、85 人以上の数学教員の抽出を目標。
- 日本では、静岡市、熊谷市、戸田市の全ての公立中学校と、関東地域（1 都 6 県）および静岡県の国立大学附属中学校を調査対象とし、最終的に 73 校、教員 89 人が参加。

＜調査時期＞

- 2018 年 6 月初旬〜 11 月初旬（日本）

＜参加国・地域＞

- 下記の OECD 加盟国等 8 か国・地域より、教員約 700 人および生徒約 17,500 人が参加。
  ビオビオ・首都州・バルパライソ（チリ）、コロンビア、イングランド（英国）、ドイツ＊、静岡市・熊谷市・戸田市等（日本）、マドリード（スペイン）、メキシコ、上海（中国）
  ドイツ＊は無作為抽出でない。学校は全 16 州のうち 7 州から参加し、ギムナジウムを多く含む。
  以下、ビオビオ・首都州・バルパライソ（チリ）は B-M-V（チリ）、また、静岡・熊谷市・戸田市等（日本）は K-S-T（日本）と表記。

＜調査方法＞

- 1 人の教員につき、調査対象単元（二次方程式）における授業を 2 回撮影するとともに指導案等の授業資料を収集。
- 調査対象単元の学習前と学習後に、それぞれ 1 回ずつ、教員質問紙、生徒質問紙、数学のテストを配付・回収。
- 分析対象の全ての授業で、1 つの授業につき 2 人の分析者（rater）が独立して、授業の質を数値化。

＜授業分析の枠組み等＞

- 質の高い授業に向けて、6 つの指導実践の領域（授業運営、社会的・情緒的支援、対話（談話）、教科内容の質、生徒の認知的取り組み、生徒の理解に対する評価と対応）を設定。
- 各領域の指導・学習を評価するための評価基準として、授業観察コード（observation codes）および教材コード（artefact codes）を開発。
- 授業観察コードと教材コードから構成される分析コードは、参加国・地域間で約 2 年間のコードの開発期間に、数学教育の専門家を交えて推こうされ、参加国・地域で同じ水準で評価できるようにデザイン。
- 授業観察コードについては、質的な分析の性質が強い「構成要素（component）」と、より量的な分析の性質が強い「指標（indicator）」を設定。
- 構成要素については、16 分間を分析の一単位（1 つのセグメント）とし、50 分の授業を 3 つに区分し、各スコアの基準（観察観点）に基づき 1 〜 4 の範囲で数値化。
- 指標については、8 分間を一単位（1 つのセグメント）とし、50 分の授業を 6 つに区分し、各スコアの基準（観察観点）に基づき分類または数値化。

表 1　本調査における指導実践の領域と領域別の構成要素と指標

分析の領域	領域	構成要素（16 分間隔）	指標（8 分間隔）
授業運営	授業運営	• ルーティーン • モニタリング（観察） • 中断や混乱への対処	• 課題にかける時間 • 活動の形態と頻度 • 授業時間（直前のセグメント後の経過時間）
社会的・情緒的支援	社会的・情緒的支援	• 敬意 • 励ましと温かさ • 自発的な関わり	• 粘り強さ • クラス全体への共有の要求
教科指導	対話（談話）	• 対話（談話）の性質 • 問いかけ • 説明	• ディスカッションの機会
	教科内容の質	• はっきりとしたつながり • はっきりとした規則性（パターン）、一般化 • 明解さ	• はっきりとした学習目標 • 正確さ • 現実世界とのつながり • 数学の他の単元とのつながり • 数学についてのまとめ • 表現の種類 • 手続きの指示の組み立て
	生徒の認知的取り組み	• 認知面での要求が高い教科内容への取り組み • 推論する際の多様な方法と見方 • 教科内容の手続きと手順の理解	• メタ認知 • 反復練習の機会 • 理解のためのテクノロジー • 教室でのテクノロジー • 生徒が用いるテクノロジー • 学習のためのソフトウェアの利用
	生徒の理解に対する評価と対応	• 生徒の考えを引き出す指導 • 教員からのフィードバック • 生徒の理解に合わせた指導	－

＜各領域のスコアの国別集計＞

　OECD による国際報告書 "Global Teaching InSights: A Video Study of Teaching"（OECD, 2020）では、「授業運営」、「社会的・情緒的支援」と、残りの 4 つの領域を統合して作成した「教科指導」の計 3 つの領域で分析。各領域の構成要素全体の結果は以下の通り。

- 授業運営領域の構成要素全体（ルーティーン、モニタリング（観察）、中断や混乱への対応）の平均スコアは、K-S-T（日本）（3.81）、上海（中国）（3.75）、イングランド（英国）（3.74）、マドリード（スペイン）（3.72）、コロンビア（3.70）、ドイツ＊（3.67）、メキシコ（3.58）、B-M-V（チリ）（3.49）であった。
- 社会的・情緒的支援領域の構成要素全体（敬意、励ましと温かさ）の平均スコアは、K-S-T（日本）（3.26）、マドリード（スペイン）（3.24）、イングランド（英国）（3.14）、ドイツ＊（3.13）、メキシコ（2.81）、B-M-V（チリ）（2.80）、コロンビア（2.80）、上海（中国）（2.62）であった。
- 教科指導領域の構成要素全体（対話（談話）、教科内容の質、生徒の認知的取り組み、生徒の理解に対する評価と対応）の平均スコアは、K-S-T（日本）（2.24）、イングランド（英国）（2.23）、ドイツ＊（2.20）、上海（中国）（2.15）、マドリード（スペイン）（1.96）、メキシコ（1.92）、B-M-V（チリ）（1.85）、コロンビア（1.74）であった。

＜日本の数学授業の特徴（一部）＞

- K-S-T（日本）の 64％の授業では、比較的高度な問いである、要約すること、規則性・手順・公式の適用を求める問いや、分析の問いに力点が置かれる傾向がみられた（ドイツ＊（70％）、イングランド（英国）（54％）、B-M-V（チリ）（21％）、マドリード（スペイン）（20％）、上海（中国）（19％）、メキシコ（18％）、コロンビア（1％））。
- K-S-T（日本）の 71％の授業では、問題の答え、手続き、段階（ステップ）に関する生徒の詳細な応答があり、生徒の考えが「ある程度以上（スコア 2.5 ～ 4.0）」引き出されていた（上海（中国）（100％）、イングランド（英国）（93％）、ドイツ＊（90％）、マドリード（スペイン）（52％）、メキシコ（46％）、B-M-V（チリ）（43％）、コロンビア（28％））。

＜第 2 章　授業運営　における主要な結果＞

　第 2 章では、授業運営の質、授業の様子、授業における活動形態について、授業ビデオの分析結果を基に報告する。主要な結果は以下であった。

- 授業運営、社会的・情緒的支援、教科指導の 3 領域における各国・地域の平均スコアを比較したところ、全ての参加国・地域で、授業運営が 3 領域の中で最も高かった。

● 授業運営領域における全ての参加国・地域の平均スコアは 3.49 以上（スコアの範囲は 1 〜 4）で、質の高い授業運営がなされていることがわかった。特に K-S-T（日本）の平均スコアは最も高く、質の高い授業運営がなされていたことが示された。

● 1 回の授業時間は、全ての参加国・地域で平均すると 54 分であり、K-S-T（日本）での平均は 50 分であった。またその長さは国・地域によってばらつきがみられた。

●「課題にかける時間」の平均スコアは、全ての国・地域で 3.71 以上（スコアの範囲は 1 〜 4）であり、授業時間のほとんどが、他の活動に費やされることなく、数学の学習に費やされていたことが示された。

● 授業の様子に関して、大多数の国・地域では、授業はよく整理された効率的なルーティーン、教員による頻繁な教室全体のモニタリング、そして中断や混乱への迅速かつ効果的な対処がなされていた。

● K-S-T（日本）では、「ルーティーン」について、全てのクラスの平均スコアが 3.5 〜 4.0 の範囲（スコアの範囲は 1 〜 4）にあったことから、どの授業も一貫してよく整理され、効率的なルーティーンが行われていることがわかった。

● 全ての参加国・地域で、9 割近いセグメントでクラス全体の指導（講義形式の指導）が観察された。K-S-T（日本）では、各セグメントにおいてクラス全体の活動形態だけではなく、二人組や小グループ、個別など、他の活動形態も比較的用いられていることがわかった。

＜第 3 章　社会的・情緒的支援　における主要な結果＞

　第 3 章では、教員と生徒の間の尊敬や励ましと温かさといった社会的・情緒的支援の実践の質と、こうした支援に対する教員と生徒の認識について、授業ビデオ、教員質問紙、生徒質問紙の分析結果を基に報告する。主要な結果は以下であった。

● 観察された社会的・情緒的支援の質は、全般的に、参加国・地域で中程度であった。教室で教員と生徒は互いに敬意を示しており、励ましと温かさは中程度であった。

● 教員のほぼ全員が生徒の学習を支援しているという認識を持ち、生徒との関係も良好であると考えていた。また、社会的・情緒的支援の実践については、生徒以上に教員の方が肯定的に捉えていた。

● 参加国・地域の「励ましと温かさ」の平均スコアは、ドイツ＊（2.84）と K-S-T（日本）（2.84）が最も高かった（スコアの範囲は 1 〜 4）。

● ドイツ＊の 92%、メキシコの 85%、B-M-V（チリ）の 76% のクラスで教員は、生徒が数学的間違いや苦戦したことに対してある程度または強く支援した（平均スコアが 1.5 以上）。一方、マドリード（スペイン）の 78%、上海（中国）の 70%、K-S-T（日本）の 58%、コロンビアの 56%、イングランド（英国）の 54% のクラスで教員は、生徒が数学的間違いや苦戦したことに対して、対処しなかった、あるいは表面的な励ましによって取り組む努力を促した（平均スコアが 1.0 〜 1.5 の範囲に位置する）。

● 生徒のほとんどが、学習中に、教員との関わりを通した社会的・情緒的支援を感じたことを報告した。

＜第４章　教科指導　における主要な結果＞

　第４章では、教科指導の質に関して、授業ビデオ、授業資料（指導案、視聴覚教材、プリント、宿題等を含む）、教員質問紙、生徒質問紙の分析結果を基に報告する。GTI では「教科指導」領域は４つの領域（「対話（談話）」、「教科内容の質」、「生徒の認知的取り組み」、「生徒の理解に対する評価と対応」）で構成されている。主要な結果は以下であった。

● 教科指導の質は全般的に低かったが、参加国・地域ごとにその特徴は様々であった。「対話（談話）」領域と「生徒の理解に対する評価と対応」領域全体のスコアは、「教科内容の質」領域と「生徒の認知的取り組み」領域よりも高かった。

● 生徒は、二次方程式の学習の際、主に方程式を利用し、グラフまたは図を時々利用して学習したが、数学的に異なる表現または側面を関連付けて学習する様子はほとんど見られなかった。同様に、生徒が学習内容を現実世界の状況に関連付ける機会、あるいは数学的なパターンや一般化を追究する機会は限られていた。

● 反復練習の機会は頻繁に観察された。一方、分析、創造、評価等の認知面で要求が高い課題に、生徒が「頻繁に」または「時々」取り組むクラスの割合は、K-S-T（日本）が最も高く53%、続いてドイツ＊（12%）、メキシコ（9%）、イングランド（英国）（8%）であった。

● テクノロジーの利用は、コミュニケーションを目的としたものがほとんどであった。

● 教員は生徒の考えに対して定期的に評価と対応を行った。教員は、問題の答えに関する生徒の考えや、問題を解くための手続きや手順に関する生徒の考えを中程度引き出した。なぜ生徒の考えが正しいかまたは正しくないかの理由を生徒にフィードバックする際、詳細な数学の内容を扱っていた教員の割合は、ドイツ＊が最も高く（18%）、マドリード（スペイン）（16%）、イングランド（英国）（8%）、K-S-T（日本）（8%）であった。

● 教員と生徒の対話（談話）の質は一様でなかった。教員は生徒に、思い出すこと、答えを言うこと、要約すること、手順・公式を適用することを求めることを定期的に行っていた。ほとんどの授業で、生徒が授業の対話（談話）によく参加したのは「時々」だった。同様に、教員または生徒が数学に関する説明を行う際、その説明は概して簡単なもので表面的であった。詳細で深い説明が観察された授業は、上海（中国）（56%）、K-S-T（日本）（55%）、イングランド（英国）（25%）であった。

＜第５章　学習の機会　における主要な結果＞

　第５章では、調査対象単元である「二次方程式」に関して、授業資料（指導案、視聴覚教材、プリント、宿題等を含む）、教員質問紙、生徒質問紙等の分析結果を基に、参加国・地域における指導方法や授業における学習の機会の違いを報告する。主要な結果は以下であった。

● 二次方程式の単元の授業時間について、K-S-T（日本）、ドイツ＊、上海（中国）では、ナショナルカリ

キュラム、教科書、指導書等で意図された時間数に近い時間数で実際の授業が行われていた。

- 二次方程式の単元の総授業時間は参加国・地域の間に大きな差があり、教員の報告によると、コロンビア、イングランド（英国）、メキシコ、上海（中国）では約 6 〜 8 時間、B-M-V（チリ）、ドイツ＊、K-S-T（日本）では約 10 〜 14 時間であった。

- 指導案等の授業資料の中で、二次方程式の解法に関連する記述で最も多かったのは、イングランド（英国）と K-S-T（日本）では「因数分解」であり、マドリード（スペイン）、メキシコ、ドイツ＊では「解の公式」であった。

- 授業資料の分析から、二次方程式の指導においては、メキシコを除いた全ての参加国・地域で「代数的な手続き」が重視されており、加えて、K-S-T（日本）、ドイツ＊、メキシコでは、「現実世界への応用」も重視されていた。

- どの参加国・地域でも、二次方程式の単元の開始時（第 1 フェーズ）は様々な種類の二次方程式の導入から始まった。単元の中間（第 2 フェーズ）では二次方程式の解の公式が多く取り入れられ、単元の終盤（第 3 フェーズ）では、応用が重視される傾向が見られた。K-S-T（日本）では、この傾向が最も明確で、第 1 フェーズで二次方程式の導入、第 2 フェーズで解の公式、第 3 フェーズで応用の展開が最もはっきりと表れていた。

＜第 6 章　指導実践と生徒の成果の関係　における主要な結果＞

　第 6 章では、これまでの章で説明した指導実践の 3 つの領域（「授業運営」、「社会的・情緒的支援」、「教科指導」）が、生徒の学習成果についての 3 つの異なる評価基準（学力、数学への興味・関心、自己効力感）とどう関連があるかを検証し報告する。主要な結果は以下であった。

- 二次方程式学習後の数学のテストの得点が高い生徒は、質の高い指導実践が観察された授業を受けている傾向があった。特に、得点が高いクラスと低いクラスとで指導実践の質の差が大きかったのは B-M-V（チリ）、イングランド（英国）、メキシコだった。一方で、生徒の社会経済的背景や二次方程式学習前の数学のテストの点数を考慮したところ、指導実践と数学のテストの得点との間に統計的有意な関連が示されたのはコロンビアだけであった。

- 参加国・地域の半数で、教員が社会的・情緒的支援がある環境を作った場合、生徒は数学により興味・関心をもつ傾向があった。「社会的・情緒的支援」のスコアが 1 大きくなると、「生徒の数学への関心」のスコア（スコアの範囲は 1 〜 4）が 0.1 〜 0.3 大きくなる傾向がみられた。

- メキシコと上海（中国）では、「授業運営」、「社会的・情緒的支援」、「教科指導」の各領域全体のスコアは全て生徒の自己効力感に対して有意な予測因子であった。各領域におけるスコアが 1 大きくなると、自己効力感についてのスコア（スコアの範囲は 1 〜 4）が 0.2 〜 0.6 大きくなる傾向がみられた。

＜第 7 章　全体の傾向と今後の展望＞

　第 7 章では、OECD の国際報告書 "Global Teaching InSights: A Video Study of Teaching"（OECD, 2020）の第 8 章にて OECD の Anna Pons 氏および Lawrence Houldsworth 氏が解釈し、報告した指導実践の全体的な傾向と今後の展望について、日本に関連する内容を整理して示している。

指導と学習の国際比較
よりよい数学授業の実践に向けて

OECD グローバル・ティーチング・インサイト（GTI）授業ビデオ研究報告書

目　次

目　次

第1章
調査の概要

第2章
授業運営

第3章
社会的・情緒的支援

第4章
教科指導

第5章
学習の機会

第6章
指導実践と生徒の成果の関係

第7章
全体の傾向と今後の展望

資　料

図表一覧

──第4章　教科指導

——第 5 章　学習の機会

——第 6 章　指導実践と生徒の成果の関係

——第 7 章　全体の傾向と今後の展望

グローバル・ティーチング・インサイト（GTI）
授業ビデオ研究　研究協力者

【事務局】

松原　憲治	教育課程研究センター基礎研究部　総括研究官	
	（研究代表者・国別調査責任者、National Project Manager）	
杉浦　健太郎	国際研究・協力部　副部長・総括研究官・国際調査調整官	
	幼児教育研究センター　総括研究官	
大浦　絢子	国際研究・協力部　国際調査専門職	
小川　梨沙	国際研究・協力部　事務補佐員	

【所内研究協力者】

佐藤　透	国際研究・協力部長		
石﨑　宏明	研究企画開発部長		
猿田　祐嗣	教育課程研究センター基礎研究部長		
萩原　康仁	教育課程研究センター基礎研究部　総括研究官		
長尾　篤志	教育課程研究センター研究開発部　教育課程調査官		
水谷　尚人	教育課程研究センター研究開発部　教育課程調査官		
笠井　健一	教育課程研究センター研究開発部　教育課程調査官		
稲垣　悦子	教育課程研究センター研究開発部　学力調査官		
佐藤　寿仁	教育課程研究センター研究開発部　学力調査官		
関谷　香織	総務部　研究支援課　研究支援係長		

【所外研究協力者】※所属・肩書については調査実施時のものを記載しております。

高井　絢	静岡市教育委員会事務局　理事	
栗田　保孝	静岡市教育委員会事務局　学校教育課　主席指導主事	
柴田　和男	静岡市教育委員会事務局　静岡市教育センター　企画係	
大根田　頼尚	埼玉県教育局　市町村支援部　義務教育指導課長	
川端　純一	熊谷市教育委員会　学校教育課　指導主事	
新井　宏和	戸田市教育委員会　教育政策室　指導主事	
西村　圭一	東京学芸大学　教授	
清野　辰彦	東京学芸大学　准教授	
松田　菜穂子	東京学芸大学　専門研究員	
藤井　斉亮	東京学芸大学　名誉教授	
太田　伸也	東京学芸大学　教授	
中村　光一	東京学芸大学　教授	

成田　慎之介	東京学芸大学	講師
清水　美憲	筑波大学	教授
馬場　卓也	広島大学	教授
柗元　新一郎	静岡大学	教授
二宮　裕之	埼玉大学	教授
髙阪　将人	福井大学	講師
中和　渚	関東学院大学	講師
日下　智志	広島大学	博士課程後期
新井　美津江	広島大学	博士課程後期
中逸　空	東京学芸大学大学院	修士課程

【東京学芸大学　短期専門研究員】

（授業ビデオ・授業資料の分析者）

佐藤　友香	東京学芸大学	短期専門研究員
上田　史恵	東京学芸大学	短期専門研究員
馬渕　孝浩	東京学芸大学	短期専門研究員
李　舜志	東京学芸大学	短期専門研究員
佐々木　南実	東京学芸大学	短期専門研究員
中村　夏子	東京学芸大学	短期専門研究員
山下　華奈	東京学芸大学	短期専門研究員
茂野　賢治	東京学芸大学	短期専門研究員
清遠　敦子	東京学芸大学	短期専門研究員
シャー　佐知子	東京学芸大学	短期専門研究員
高木　梓	東京学芸大学	短期専門研究員
森田　大輔	東京学芸大学	短期専門研究員
山田　ゆう子	東京学芸大学	短期専門研究員
髙橋　真帆	東京学芸大学	短期専門研究員
平野　悠佳	東京学芸大学	短期専門研究員
杉村　綾美	東京学芸大学	短期専門研究員

なお、下記メンバーも 2019 年度までの間に携わっていた。

山田　亜紀子	元研究企画開発部　総括研究官（事務局）
本田　史子	元教育課程研究センター基礎研究部　総括研究官（事務局）
河原　太郎	元国際研究・協力部　国際調査専門職（事務局）
大萩　明日香	元国際研究・協力部　国際調査専門職（事務局）
長谷川　仁子	元国際研究・協力部　国際調査専門職（事務局）
伊志嶺　吏人	元国際研究・協力部　国際調査専門職（事務局）
今岡　二郎	元総務部企画室　専門職（元国際研究・協力部　専門職）
横田　初枝	元国際研究・協力部　事務補佐員
鳥井　康照	元国際研究・協力部　事務補佐員
石島　照代	元教育課程研究センター基礎研究部　特別研究員

本報告書を読む際の注意

　本報告書は、OECD（経済協力開発機構）「グローバル・ティーチング・インサイト：授業ビデオ研究」（GTI：Global Teaching InSights: A Video Study of Teaching、以下 GTI と表記）の国際報告書 "Global Teaching Insights: A Video Study of Teaching"(OECD, 2020) に基づき、日本にとって特に示唆のある内容・データを中心に報告するものである。

図表・データ

　本報告書の図表・データは上記国際報告書に基づき作成した。

分析コード

　授業観察コード（observation codes）は授業ビデオで観察される指導と学習を評価するための基準であり、教材コード（artefact codes）は授業資料（artefacts）から読み取れる指導と学習を評価するための基準である。本報告書では授業観察コードと教材コードを合わせて分析コードと呼ぶ。

数値化

　GTI では、あらかじめ定めた特定の観点等を用いて、授業ビデオ又は授業資料に数値（スコア）をつける評価（rating）が行われた。しかし、この取り組みは教員評価を目的としたものではなく、文化的・社会的背景を持つ複雑な営みである授業を、観察可能な教員・生徒の言動や学習の質に関するエビデンスを基に数値化する試みである。そこで、本報告書では、授業ビデオまたは授業資料に数値をつける取り組みを、"評価"ではなく"数値化"と示している。これは、GTI が教員評価を目的としておらず、また、エビデンスを基にした実証的な調査研究である立場を明確にするものである。

セグメント

　GTI では授業ビデオを分析する際、授業全体を 1 つの塊として数値化するのではなく、授業をいくつかの部分またはセグメント（segments）に分けて数値化する手続きを用いた。GTI における 1 セグメントは 16 分間または 8 分間で切り取った授業の部分である。例えば、授業時間が 50 分間の授業は、3 つのセグメント（1 セグメント 16 分間の場合）または 6 つセグメント（1 セグメント 8 分間の場合）に分けることができる。授業ビデオの数値化は、セグメントそれぞれに対して行われた。

スコア

　本報告書における授業ビデオと授業資料のスコアは、GTI の国際報告書のスコアに基づく。

スコアの算出方法

　GTIでは、1つの授業ビデオまたは授業資料のセットに対して2人の分析者が独立して数値化を行った。数値化は、1つの授業ビデオを3つまたは6つのセグメントにわけ、セグメントごとに、例えば1～4の範囲でスコアを割り当てたものである。分析内容ごとに各セグメントの平均あるいは最高値が1つの授業ビデオに対するスコアの代表値とされ、その平均値を算出することで、1人の教員単位あるいは各国・地域単位の平均スコアが算出された。スコアの算出方法の概要は第1章で説明する。算出方法の詳細については、GTIの国際報告書およびテクニカルレポート（Technical Report）を参照のこと。

クラス、授業、または教員の平均スコア

　GTIでは、1人の教員につき二次方程式の単元の授業2回分のビデオを撮影し、収集した2つの授業ビデオのスコアを平均して「平均スコア」を算出している。つまり、集計された平均スコアの単位は、「教員1人（授業2回分）の平均」であり、撮影した授業ビデオ1回分のことではない。ただし本報告書では、内容の文脈によって上述の平均スコアをクラス、授業、または教員に対して用いている。

数値の四捨五入

　本報告書における合計、差、平均等の数値は、少数以下第1位あるいは第2位で四捨五入して概数で示している。そのため、報告書内の表中の一部の数値は、本文中に記載の数値と一致しないことがある。本文中に記載の数値は、OECDのウェブサイト（http://www.oecd.org/education/school/global-teaching-insights-technical-documents.htm（アクセス日：2021年2月15日））に公表されている正確なデータに基づいて計算され、その概数が示されている。

関係資料

　GTIで用いられている調査方法等に関する詳細については、OECDのウェブサイト（http://www.oecd.org/education/school/global-teaching-insights-technical-documents.htm（アクセス日：2021年2月15日））に公表されているテクニカルレポートを参照のこと。

国際報告書

　GTIの国際報告書（英文）はOECDより2020年11月16日に公表された。国際報告書の引用の際は、以下を用いていただきたい。

> OECD (2020), *Global Teaching InSights: A Video Study of Teaching*, OECD Publishing, Paris, *https://doi.org/10.1787/20d6f36b-en.*

第 **1** 章

調査の概要

1.1 ｜ 調査の概観

　「OECD グローバル・ティーチング・インサイト（GTI）：授業ビデオ研究」は経済協力開発機構（OECD）による指導と学習に関する国際調査の新しい試みである。これまで OECD では、指導と学習に関する国際調査として国際教員指導環境調査（TALIS）を実施し、教員に対する質問紙調査によって、教員の勤務環境、指導実践や生徒の学習状況を把握してきた。一方、GTI（調査実施時は TALIS Video Study と呼ばれていた）では、実際の数学の授業を撮影して授業ビデオを分析することにより、教員の指導実践や生徒の学習状況について、より客観的なエビデンスを得ることや、授業を受けた生徒に数学のテストを実施することにより、指導と学習成果の関係を検討することを特徴としている。授業分析に加えて質問紙調査や数学のテストも実施されたが、OECD の生徒の学習到達度調査（PISA）や国際教育到達度評価学会（IEA）の国際数学・理科教育動向調査（TIMSS）といった国際調査のように、児童・生徒が受けたテストの結果について、各国・地域の平均得点等を比較することはない。

　授業分析に用いる分析コードは、質の高い授業に向けて、参加国・地域で同じ水準で評価できるようにデザインされたものである。GTI の分析コードの開発は、参加国・地域の数学教育の専門家による共同研究活動で行われた。開発された分析コードは、授業運営、社会的・情緒的支援、対話（談話）、教科内容の質、生徒の認知的取り組み、生徒の理解に対する評価と対応といった 6 つの指導実践の領域で構成された。

1.2 ｜ これまでの授業ビデオ研究

　授業ビデオ研究は授業という複雑な文化的・社会的営みを研究対象とする。これを国際的な規模で行うことは容易ではなく、国によって指導に関する様々な違いがあることが指摘されてきた（Hanushek (2011); Rozman, Klieme (2017); OECD (2014); OECD (2016); OECD (2019)）。

　国による指導の違いを理解するために、最も大規模な努力がなされた調査は TIMSS ビデオ研究である。1995 年に実施された TIMSS 1995 ビデオ研究は、データの収集や分析においてビデオを用い、複数の国の授業を対象に比較研究が行われた初めての調査であった（Stigler 他 (1999)）。続けて 1999 年に実施された TIMSS 1999 ビデオ研究では、参加国が 7 か国に増え、無作為抽出によって調査対象のクラスを選定し、研究が進められた（Hiebert 他 (2003)）。その後も、授業ビデオを用いた研究手法は、国際的に一定度の関心を持って受け止められてきた（Praetorius 他 (2019)）。学習者の観点からみた授業研究（Learners' Perspective Study: LPS）は，数学授業における学習者の数学的意味構成に焦点を当てて授業構造の解明を図った国際比較研究である（清水 (2002); Clarke, Emanuelsson, Jablonka (2006)）。LPS における指導実践の探究は、TIMSS ビデオ研究や他のビデオ研究に比べてより深いものであり、その多くは GTI においても参考にされた。他方、LPS では対象とした数学の授業の数が少なく、また選出されたものであったことから、TIMSS ビデオ研究のような国際比較を行うことはできない。事実、授業ビデオに関する研究の多くは、1 つ

の国の授業のみを対象とする場合や調査規模が小さいといった研究の限界を持つ。

　表 1.1 は、GTI をはじめとする教育研究のうち、国際的な規模で実施された授業ビデオ研究それぞれの特徴を示したものである。GTI における参加国・地域の数は 8 であり、1 か国・地域につき、85 人以上の数学教員の抽出を目標とした。また、全ての参加国・地域で共通の学習内容を調査対象単元として設定し、この単元の授業を教員 1 人につき 2 回撮影するとともに関連する指導案等の授業資料を収集した。さらに、調査対象単元の学習前と学習後に、それぞれ 1 回ずつ、教員質問紙、生徒質問紙、数学のテストを実施した。GTI では、授業ビデオや授業資料の分析コード等の評価指標は全ての参加国・地域で共通に設定しており、授業を観察する研究が正に国際的な規模で実施可能であることを示した。

表 1.1　これまでの国際的な授業ビデオ研究の特徴

調査研究の名称	参加国数	事前・事後の調査デザイン	授業ビデオの数	各国の参加教員数	共通の評価方法	共通の調査対象単元	授業資料の分析等	生徒質問紙	教員質問紙	学習指導内容の記録（学習内容記録用紙等）
GTI	8	○	2	85	○	○	○	○	○	○
TIMSS 1995	3	—	1	70-100	○	—	—	—	○	—
TIMSS 1999	7	—	1	70-100	○	—	—	—	○	—
IPN Study	1	○	2	50	○	○	—	○	○	—
CPV Study	1	—	2	25-40	○	—	—	—	○	—
Pythagoras	2	○	3	20	○	○	—	○	—	—
LPS	14	—	10	3	—	—	○	—	—	—
PISA + Study	1	—	69	6	○	—	—	—	—	—
GestePro(Tiberghien)	1	—	6	7	—	—	—	—	—	—
OuIP	3	○	3	30-50	○	—	—	○	○	—
STAAR	1	—	一年間の授業	8	○	—	—	—	—	—
MET	1	○	4	3,300	○	—	—	○	—	—

出典：OECD, Global Teaching Insights Database.

1.3　調査の枠組み

1.3.1　調査の目的

　GTI の目標は、指導と学習に関する理解を更に深めること、また、国際的な規模で実施可能な指導と学習に関する調査研究の方法論について検討を進めることであった。

　具体的には以下の 3 点が調査目的とされた。

- 指導実践のどの側面が生徒の学習成果や非認知的能力と関係しているかを理解すること
- 参加国・地域の教員の指導実践の特徴について、観察・記述をすること
- 多様な指導実践が相互にどのように関係しているのか、また、教育の文脈的側面がどのように生徒や教員の特性と関係しているのかを探ること

なお、GTI は国際的な教員評価や各参加国・地域の指導の質に関する順位付けを行う調査ではない。生徒の学習成果についても、各参加国・地域の平均得点等の比較をすることは目的としない。

1.3.2　調査の特徴

GTI で特に重要な点は、観察された指導実践が生徒の学習成果に及ぼす効果を検討することを目指して、事前・事後の調査デザインを採用したことである。TIMSS ビデオ研究や LPS は、生徒の学習成果を測定しなかったため、指導実践を生徒の学びに関連付けることができなかった。GTIでは、事前・事後の調査デザインによって調査対象単元の学習前と学習後に、生徒の認知的な学習成果と、興味・関心や自己効力感といった生徒の非認知的な学習成果も捉えている。また、教員に加えて、その教員の指導を受ける生徒の背景や認識についても調査している。

表 1.1 に示すように、GTI では調査対象の数学授業で扱う内容を 1 つに定めたことも特徴である。TIMSS ビデオ研究では、ビデオ撮影に参加した教員は授業の目標や内容を自由に設定できた。これは授業で扱われる学習内容が大きく異なることを意味し、このため、指導方法の違いを捉えることは容易ではなかった。GTI では、参加国・地域間の比較可能性を高めることや指導と学習の関係を捉えるために、全ての参加国・地域で共通となる 1 つの学習内容（調査対象単元）に注目する手続きを採用した。調査対象単元は、調査準備期間中に参加国・地域間で協議・調整を行い、二次方程式の単元とすることが決定された。

1.3.3　調査対象・規模

調査対象は、調査対象単元（二次方程式）を指導する数学科の教員とそのクラスの生徒である。日本では二次方程式は中学校第 3 学年で扱われる学習内容であることから、二次方程式を指導する数学科の教員とそのクラスの中学校 3 年生に対して調査を実施した。

GTI では、本調査の実施に向けて、データ収集や分析方法等に関する検討等を行うことを目的に、パイロット調査を実施した。日本ではパイロット調査を 2017 年度に実施し、東京都より 4 校、山梨県より 1 校、合計 5 校（教員 6 人、7 クラス、生徒 362 人）の協力を得た。

日本における本調査では、静岡市教育委員会、熊谷市教育委員会、戸田市教育委員会の協力を得て、各市の全ての公立中学校、関東地域（1 都 6 県）および静岡県の国立大学附属中学校を調査対象とした。小規模学級については、GTI の国際コンソーシアムと協議の上で除外した（3 校）。最終的な調査協力校は、静岡市が 39 校（教員 46 人）、熊谷市が 16 校（教員 23 人）、戸田市が 6 校（教員 8 人）、静岡県内の国立大学附属中学校が 12 校（教員 12 人）となり、計 73 校（辞退 1 校）（教員 89 人、不同意生徒 212 人を除いた生徒 2,274 人）の協力を得た。

GTI における参加国・地域は、下記の OECD 加盟国等 8 か国・地域より、教員約 700 人および生徒約 17,500 人が参加した。

- ビオビオ・首都州・バルパライソ（チリ）以下、B-M-V（チリ）と表記
- コロンビア
- イングランド（英国）

● **ドイツ**＊［注：無作為抽出でない。学校は全16州のうち7州から参加し、ギムナジウムを多く含む］

● **静岡市・熊谷市・戸田市等（日本）**以下、K-S-T（日本）と表記

● **マドリード（スペイン）**

● **メキシコ**

● **上海（中国）**

　GTIでは指導実践と生徒の学習成果の関係を検討するため、国際コンソーシアム（1.3.4参照）から各参加国・地域において85人以上の教員の参加が求められた。また、標本抽出法については、調査準備時期においてTALIS 2018の学校抽出で用いられた各国の学校リストを活用した層化二段抽出法が計画された。一方、ほとんどの参加国・地域において、当初の計画のような規模で学校と教員から参加を得ることは容易ではなかった。最終的に、様々な指導実践に関するデータを集めるためできるだけ多くの教員の参加を得ることを重視し、標本抽出において参加国・地域では異なった手続きが取られた。表1.2に、GTIにおける学校と教員の抽出に関する状況を示す。また、表1.3に、GTIに参加した教員の特徴、表1.4にGTIに参加した学校の特徴を示す。

表1.2　調査対象校および教員の抽出にあたっての各国・地域の状況

	B-M-V（チリ）	コロンビア	イングランド（英国）	ドイツ＊	K-S-T（日本）	マドリード（スペイン）	メキシコ	上海（中国）
代表性を伴わない	―	―	○	○	○	○	―	―
特定の地域のみで抽出	―	―	―	○	―	―	―	―
特定の地域を除外	―	―	―	―	―	―	○	―
対象校と代替校を同時に選定	―	―	○	―	―	○	―	―
2つの学年にまたがって教員を選定	―	○	○	○	―	―	―	―
1校から複数の教員を選定	―	―	○	○	○	○	―	―
追加の学校を必要とした	○	―	―	―	―	―	―	―
TALIS2018の抽出で用いられた学校リストの使用なし	―	―	―	―	○	○	○	―
教員の無作為抽出なし	―	―	―	○	○	○	―	○

注：メキシコについては、オアハカの学校が除外された。
ドイツ＊は調査対象学校が便宜的標本であることを意味する。
出典：OECD, Global Teaching InSights Database.

表1.3　GTIに参加した各国・地域の教員の特徴

	B-M-V（チリ）	コロンビア	イングランド（英国）	ドイツ＊	K-S-T（日本）	マドリード（スペイン）	メキシコ	上海（中国）
女性の教員	53%	29%	58%	46%	21%	56%	38%	77%
一般的な教員養成課程を修了	92%	88%	88%	92%	99%	78%	60%	92%
教職（教員）経験年数（0〜2年）	3%	8%	12%	10%	2%	7%	8%	6%
教職（教員）経験年数（3〜9年）	37%	31%	41%	30%	26%	35%	35%	19%
教職（教員）経験年数（10年〜）	60%	60%	47%	60%	72%	59%	57%	75%
教員数	98人	83人	85人	50人	89人	59人	103人	85人

注：ドイツ＊は調査対象学校が便宜的標本であることを意味する。
出典：OECD, Global Teaching InSights Database.

表 1.4　GTI に参加した各国・地域の学校の特徴

	B-M-V (チリ)	コロンビア	イングランド (英国)	ドイツ*	K-S-T (日本)	マドリード (スペイン)	メキシコ	上海 (中国)
私立学校	28%	18%	0%	5%	0%	9%	16%	12%
都市部の学校	99%	78%	56%	34%	71%	100%	95%	40%
教員の平均人数	—	—	92 人	—	23 人	37 人	29 人	74 人
生徒の平均人数	1,064 人	502 人	1,336 人	—	394 人	—	—	—
学校数	98 校	83 校	78 校	38 校	73 校	55 校	103 校	85 校

注：「—」はデータがないことを示す。
ドイツ*は調査対象学校が便宜的標本であることを意味する。
出典：OECD, Global Teaching InSights Database.

1.3.4　国際的な調査実施体制

　GTI の国際的な実施体制については、OECD を主導とし、ランド社（RAND Corporation（RAND））を中心に教育試験サービス（Educational Testing Service（ETS））とドイツ国際教育研究所（Leibniz Institute for Research and Infomation in Education（DIPF））によって組織された国際コンソーシアムが置かれた。また、教授法、調査方法、ビデオ分析などの異なる分野の専門家の支援体制が敷かれた。また、授業評価に関する国際的な専門家 16 人からなる Technical Advisory Group も、GTI を支援した。

1.3.5　日本国内における調査の実施体制

　日本では、国立教育政策研究所にグローバル・ティーチング・インサイト（GTI）事務局（調査実施時は TALIS ビデオスタディ事務局）を置き、調査研究総括を担った。その上で、調査資材の管理・回収資材の送付を株式会社教育測定研究所に、ビデオ撮影・資材回収・ビデオ納品を株式会社 DMI に、分析・教員研修支援（撮影スケジュール作成、撮影マニュアルの作成、授業分析・教員研修の支援）を国立大学法人東京学芸大学に業務委託し、連携した体制で調査を実施した。

図 1.1　日本における調査の体制

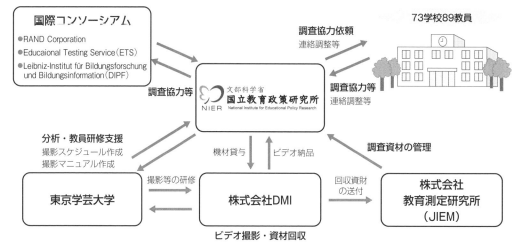

1.3.6　調査の実施の手続き

　日本での GTI の本調査（2018 年度実施）の流れは、図 1.2 に示した通りである。

図 1.2　調査の実施スケジュール

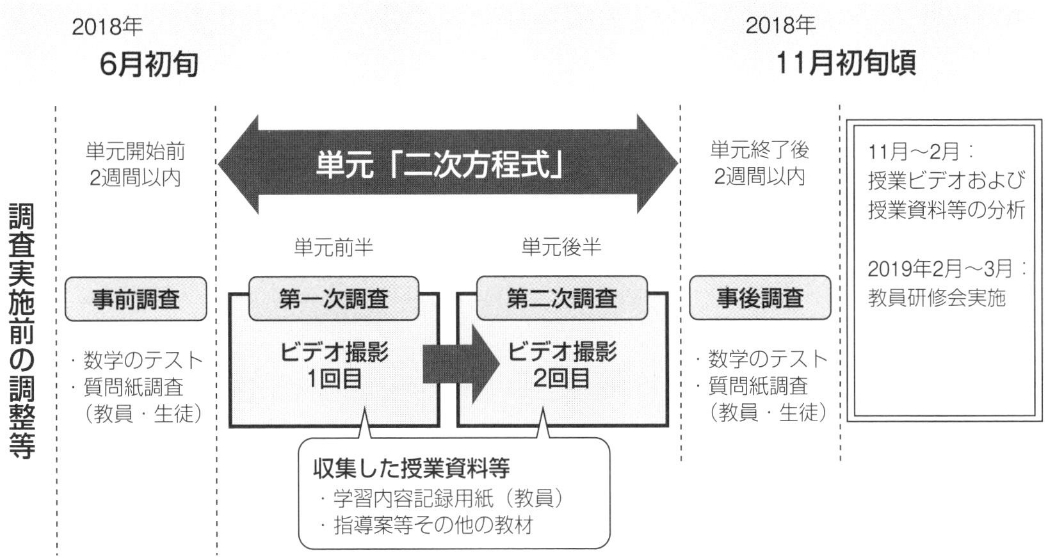

　2017 年度に実施したパイロット調査で得た知見を基に、連絡体制の改善や現場の負担軽減を配慮し、2018 年度に本調査を実施した。本調査では、2018 年 2 月から 4 月までの期間に調査対象の学校に対して学校説明会を実施し、GTI の調査手続きについて説明および調査への協力を依頼した。その後、市教育委員会の担当者を窓口とし、学校への協力依頼に係る連絡を前年度より開始した。

　調査協力への同意書は学校説明会の際に配付し、後日、教員同意書および保護者同意書を回収した。同時に、授業担当教員に、調査対象クラスの名簿および座席表の提出を依頼した。その後、同意を得られた対象クラスに対し、調査対象単元である二次方程式の学習が開始される前 2 週間以内に、事前調査（教員質問紙調査、生徒質問紙調査、数学のテスト）を実施した。授業のビデオは、二次方程式の単元の学習に該当する 2 回の授業をそれぞれ撮影し、1 回目を第一次調査、2 回目を第二次調査とした。第一次、第二次調査の際に、指導案等の授業資料を収集した。その後、単元が終了した後 2 週間以内に事後調査（教員質問紙調査、生徒質問紙調査、数学のテスト）を実施した。

1.4 ｜ 調査の内容

1.4.1　調査データの概要

GTI で収集したデータは以下の通りである。

1）二次方程式の単元の授業のうちの前半部分と後半部分から各 1 回収集したデータ

授業ビデオおよび授業資料（指導案、視聴覚教材、プリント、宿題等を含む）

2）調査対象単元の学習前と学習後に実施した調査で収集したデータ

教員質問紙調査、生徒質問紙調査、および数学のテストの回答

3）その他

学習内容記録用紙（二次方程式の単元の各授業の学習内容を教員が記録したもの）

　生徒の学力評価のために実施した数学のテストは、事前調査と事後調査で内容が異なる。事前調査のテストの内容は、数学の一般的基礎知識に基づく内容で構成され、事後調査のテストの内容は、二次方程式の内容に特化した設問で構成された。また、生徒に対する質問紙調査の内容は、生徒の背景、授業の状況、教え方、学習の成果などであった。これらの設問の評価の指標は、家庭の豊かさ、学校内外の学習時間、生徒の認識と教室活動への参加、数学の学習に対する自己効力感が含まれている。質問紙調査の質問項目は、主に TALIS および PISA の項目を使用し、参加国・地域の情報を参考に作成された。また、生徒への質問紙調査同様に、教員に対して実施した質問紙調査は、教員の経歴や学歴、信念、動機、学習環境について、クラスについて、単元について、授業の目標、用いた指導方法、単元の有効性についての教員の評価、撮影された授業が一般的な指導方法であるかといった内容が含まれている。設問は主に TALIS の項目から、Technical Advisory Group および参加国・地域の意見を取り入れて作成された。

　GTI で用いた日本語版の調査票（質問紙等）は、2021 年 5 月以降に国立教育政策研究所の HP に掲載予定である。

1.4.2　調査対象単元（二次方程式）

　前述のとおり、GTI では、全ての参加国・地域で共通となる 1 つの学習内容に注目する。その目的は、授業で扱う内容が異なることで生じる分析の偏りをなくすことで、指導と学習の方法そのものを理解しやすい設計にすることである。この調査対象単元の内容として選ばれた二次方程式は、全ての参加国・地域で指導されている中等教育段階の数学科の単元である。二次方程式の単元の選定においては、参加国・地域全ての数学のカリキュラム（日本では学習指導要領）の内容をマッピングし、参加国・地域全てで、近い年齢や学年で教えられていることが考慮された。また、数学における重要な概念を扱うこと、豊かな数学的活動（例えば応用、モデリング等）、深い数学的思考（例えば議論、証明）、様々な数学的表現を行うことができる内容であることも考慮された。調査対象単元の詳しい選定方法については、OECD によるテクニカルレポート（チャプター 3）を参照されたい。

調査対象単元とする二次方程式について、参加国・地域で合意した内容は以下の通りである。

図 1.3　参加国・地域で同意した調査対象単元「二次方程式」の内容

既習内容： $(a \pm b)^2 = a^2 \pm 2ab + b^2$ および代数式を扱う他の手法

単元のはじめ： x を求めることを目的とする、何らかの二次方程式が導入される

単元の内容等： 二次方程式を因数分解、平方完成、解の公式を用いて解く

単元のおわり： 二次方程式を実生活の問題に適用する

参加国・地域によって異なる内容：
　　　　 a, b, c の値と二次方程式の解の数（なし、1、2）に関する議論
　　　　 （二次関数の）グラフの利用とおおよその解

1.4.3　授業観察コードと教材コード

　GTI では、授業ビデオおよび教材から指導・学習を評価するための基準として「授業観察コード（observation codes）」および「教材コード（artefact codes）」より成る分析コードを開発した。

　分析コードの開発に先立ち、GTI では、国際コンソーシアムによる準備作業と参加国・地域の数学教育の専門家を含む共同研究作業によって、数学における「質の高い授業」の概念を構築した。分析コードの開発では、この質の高い授業の概念に基づき、教育試験サービス（ETS）の主導の下、参加国・地域間の共同研究作業によって 6 つの指導実践の領域と各構成要素および各指標が設定された。質の高い授業の概念構築および分析コードの開発の詳細については OECD によるテクニカルレポート（チャプター 2）を参照されたい。

　授業ビデオには授業観察コードを、教材には教材コードを用いて、指導実践の質を数値化した。分析コードは、参加国・地域間で数学教育の専門家を交えて推こうされ、全ての参加国・地域で同じ水準で評価できる共通の基準として設定し、参加国・地域それぞれの授業の優れた部分あるいは課題といった教育のばらつきを捉えることができるようデザインされた。

　各領域は「構成要素（component）」および「指標（indicator）」から成る（表 1.5）。構成要素による数値化はより質的な分析であり、指標による数値化はより量的な分析である。また、領域の各構成要素に関する指導実践の質を総合的に捉えた「領域別の総合的スコア」が規定された。総合的スコアは、各構成要素の数値化で得られた値を基に分析者によって数値化された。

　授業観察コードの内容の概要を表 1.6 と表 1.7 に示す。なお、各分析コードの詳細およびその数値化の範囲（1 〜 4 等）については、本報告書の巻末資料を参照のこと。

第1章

表 1.5　GTI の指導実践の分類（領域、構成要素、指標）

分析の領域	領域	構成要素および領域別の 総合的スコア	指標
授業運営	授業運営	• ルーティーン • モニタリング（観察） • 中断や混乱への対処 　　　　　　　　授業運営（総合）	• 課題にかける時間 • 活動の形態と頻度 • 授業時間（直前のセグメント後の経過時間）
社会的・ 情緒的支援	社会的・ 情緒的支援	• 敬意 • 励ましと温かさ • 自発的な関わり 　　　　社会的・情緒的支援（総合）	• 粘り強さ • クラス全体への共有の要求
教科指導	対話（談話）	• 対話（談話）の性質 • 問いかけ • 説明 　　　　　　　対話（談話）（総合）	• ディスカッションの機会
	教科内容の質	• はっきりしたつながり • はっきりとした規則性（パターン）、一般化 • 明解さ 　　　　　　教科内容の質（総合）	• はっきりとした学習目標 • 正確さ • 現実世界とのつながり • 数学の他の単元とのつながり • 数学についてのまとめ • 表現の種類 • 手続きの指示の組み立て
	生徒の認知的 取り組み	• 認知面での要求が高い教科内容への取り組み • 推論する際の多様な方法と見方 • 教科内容の手続きと手順の理解 　　　　　生徒の認知的取り組み（総合）	• メタ認知 • 反復練習の機会 • 理解のためのテクノロジー • 教室でのテクノロジー • 生徒が用いるテクノロジー • 学習のためのソフトウェアの利用
	生徒の理解に 対する 評価と対応	• 生徒の考えを引き出す指導 • 教員からのフィードバック • 生徒の理解に合わせた指導 　　　生徒の理解に対する評価と対応（総合）	―

表 1.6　授業観察コード「構成要素」の内容（概要）

領域	構成要素	内容
授業運営	ルーティーン	クラスには習慣化された作業があり、それらがよく整理されており、効率的である。
	モニタリング（観察）	教員は教室全体で起こっている状況をモニタリングする。
	中断や混乱への対処	教員は中断や混乱に迅速かつ効果的に対処する。
社会的・情緒的支援	敬意	教員と生徒は互いへの敬意を、以下に挙げる行動のいずれかの行為によって示す：敬意を払った言葉使い、互いの発言に耳を傾ける、適切な名前を呼ぶ、敬意のあるトーンの声で話す、慣習的な表現作法。
	励ましと温かさ	教員や生徒は学習全体を通して生徒を励ます。温かさを共有する瞬間がある。
	自発的な関わり	生徒は指導を求める。生徒は自分の学習活動を教室全体に共有することにより、自発的に関わろうとする。
対話（談話）	対話（談話）の性質	生徒は教室での対話や、やりとりに参加する機会を与えられる。
	問いかけ	問いは、様々な種類の認知的推論を生徒に求める。
	説明	教員と生徒は記述／口頭で説明を行う。
教科内容の質	はっきりとしたつながり	教員や生徒は、教科内容の中の何か二つの側面をはっきりと、指導上でつなげる。
	はっきりとした規則性（パターン）、一般化	教員や生徒は、学習活動の中で、共に、規則性をはっきりと見出す。
	明解さ	授業の学習目標についての数学的な内容が明解に示され、生徒が授業内容についていけているように見える度合い。
生徒の認知的取り組み	認知面での要求が高い教科内容への取り組み	生徒は定期的に、認知的に豊かで考え抜くことを求められる分析、創造、評価活動に取り組む。
	推論する際の多様な方法と見方	生徒は多様な解法や推論の手法を用いる。
	教科内容に関わる手続きと解決の過程の理解	生徒は教科内容に関わる手続きと解決の過程の意味を理解することに取り組む。
生徒の理解に対する評価と対応	生徒の考えを引き出す指導	問い、言葉がけ、課題が生徒の詳細な応答（記述や口頭）を引き出す。
	教員のフィードバック	教員は生徒の考えていることに対してフィードバックのやりとりを通して応答し、それは、なぜ 1）生徒の考えが正しいか正しくないか、2）アイディアや手続きがそうであるかに焦点を当てている。
	生徒の考えに合わせた指導	教員は生徒からの発言や反応を活かす。

表 1.7　授業観察コード「指標」の内容（概要）

領域	指標	内容
授業運営	課題にかける時間	セグメントの大部分は数学の学習に焦点を当てている。数学の学習は、生徒が取り組むべき様々な活動、すなわち講義を聞く、グループ活動をする、個別に問題に取り組む等である。
	活動の形態と頻度	使用された形態と頻度をチェックする。 形態：1. クラス全体、2. 小グループ（3人以上）、3. 二人組、4. 個別
社会的・情緒的支援	粘り強さ	教員の支援の下、生徒は間違いや数学に苦戦した際に、粘り強く取り組む。
	クラス全体への共有の要求	教員は生徒に対し、数学についての自分の考えを、クラス全体に共有するよう求める。
対話（談話）	ディスカッションの機会	セグメント内での指導は、明確で学習目標に焦点を当てたディスカッションに取り組ませているか。
教科内容の質	はっきりとした学習目標	教員が授業と活動のために、生徒に対して、はっきり学習目標を示す度合い。
	正確さ	授業中にクラス全体で扱う数学の内容が、事実として正しくかつ正確である度合い。
	現実世界とのつながり	学習内容が、実生活の問題や生徒の生活の中での経験など、学校外の物事と関係付けられたり応用されたりする度合い。
	数学の他の単元とのつながり	扱っている単元が、他の数学の単元と関係付けられる度合い。
	数学についてのまとめ	その授業で扱った数学のまとめが、教員や生徒により提示された度合い。
	表現の種類	各セグメントで、セグメントのどこかの時点で使用された表現の種類を確認。表現は、問題または解の一部として現れることがある。表現の種類：グラフ、表、図、方程式、実物
	手続きの指示の組み立て	手続きを説明したり、手続きの段階を説明したりする際の、内容の組み立て・詳細さ・正しさの度合い。
生徒の認知的取り組み	メタ認知	教員は生徒に対し、自分の考えを省察するようはっきり求めることにより、メタ認知的活動に取り組ませる。
	反復練習の機会	生徒は特定の技能または手続きの反復練習に取り組む。
	理解のためのテクノロジー	生徒は概念的理解のためにテクノロジーを利用する。
	教室でのテクノロジー	どのテクノロジーが利用されたかを確認する。
	生徒が用いるテクノロジー	どのテクノロジーが利用されたかを確認する。
	学習のためのソフトウェアの利用	シミュレーション、指導用のゲーム、双方向型グラフ作成を通して、数学の学習事項の補助や支援のために、指導用ソフトウェアが使用されているか。

　続いて教材コードは、回収した教材である授業資料について評価を行う基準で、参加国・地域から提供された約 1,000 点の教材のパイロット調査のサンプルから、どの教材がどの領域に対して数値化できるかを検討し、コード化に至った（表 1.8）。教材コードは、授業ビデオの授業観察コードである 6 つの指導実践領域と、各領域に対応する 1 つまたは複数の構成要素より成っている。これらの構成要素は、教員が指導を行う意図や生徒に与えられる学習の機会を含む、授業実践の鍵となる側面を把握できるよう考案されている。

表 1.8　教材コードの領域および構成要素

領域名	構成要素名
授業運営	この構成要素は授業資料では数値化されない
社会的・情緒的支援	この構成要素は授業資料では数値化されない
教科内容の質	教材の正確さ はっきりとした学習目標 多様な生徒のニーズへの対応 数学的表現のつながり はっきりとした規則性（パターン）と一般化 現実世界とのつながり
対話（談話）	説明の要求
生徒の認知的取り組み	多様な数学的手法の利用 技能や手続きを練習する機会 理解のためのテクノロジー
生徒の理解に対する評価と対応	生徒による自己評価

1.5　授業ビデオと授業資料の数値化の手続き

　授業ビデオは、2 人の分析者によって、前述の授業観察コードを用いて数値化された。また、授業資料は、2 人の分析者によって、前述の教材コードを用いて数値化された。分析者の採用、トレーニング、実際の作業は、参加国・地域の GTI 国内実施機関によって、以下に示す国際的な基準や手続きに従い進められた。

1.5.1　分析者のトレーニングと数値化の手続き

　参加国・地域で統一した水準で授業ビデオと授業資料の数値化を行うために、分析者全員に対して数値化のためのトレーニングが実施された。トレーニングは、参加国・地域でそれぞれマスター分析者を設け、まずマスター分析者へのトレーニングが 2 週間かけて実施された。その後、マスター分析者は自国の分析者に対して同様のトレーニングを行った。

　授業ビデオの数値化の手続きは、ヒューマンエラーを避けるために、授業ビデオを短いセグメントに分け、セグメントごとに評価した。構成要素では、16 分間を分析の一単位（1 つのセグメント）とし、50 分の授業を 3 つのセグメントに区分した。指標では、8 分間を分析の一単位（1 つのセグメント）とし、50 分の授業を 6 つのセグメントに区分した。1 つのセグメントに対して、2 人

の分析者が独立して授業ビデオの数値化を行った。さらに、授業ビデオの数値化を行うスケジュールについては、2人の分析者が別々の時期に作業を行うように設計された。

　授業資料の数値化では、1つの授業に関連する授業資料を分析の一単位（1セット）とした。つまり、1回の授業に用いた指導案やプリント等の授業資料全てを1セットとした。そして、1セットの授業資料に対して、2人の分析者が独立して授業資料の数値化を行った。

　日本における分析者のトレーニングおよび授業ビデオと授業資料の数値化については、業務委託先の国立大学法人東京学芸大学国際算数数学授業研究プロジェクト（IMPULS）の支援を得て実施したものである。なお、分析者のトレーニングと数値化に係る作業は国立大学法人東京学芸大学の分析室にて行われた。

1.5.2　スコアの算出手順

　GTIでは、国際コンソーシアムによって、分析コード（授業観察コードと教材コード）の数値化におけるスコアの算出方法が決定された。授業観察コードを用いた数値化におけるスコアの算出手順は以下の通りである。

1. 各セグメントに対して、2人の分析者によるスコアを平均し、"セグメント平均"を算出
2. 1つの授業について、全てのセグメントの"セグメント平均"を平均し、"授業平均"を算出
3. 1人の教員による2つの授業ビデオについて、"授業平均"を平均し、"クラスレベルスコア"を算出

　なお、「指標」の分析コードでは、スコアの算出方法が上記の手続き以外の場合がある。「指標」のスコアの算出方法の詳細はOECDによるテクニカルレポート（チャプター17）を参照されたい。

　教材コードを用いた数値化におけるスコアの算出手順は以下の通りである。

1. 1セットの授業資料について、2人の分析者によるスコアを平均
2. 1人の教員が作成した授業資料について、全てのセットのスコアを平均

　1人の教員について、授業資料のセットは複数ある。全てのセットのスコアを平均し、教員1人に対する教材コードのスコアを算出した。

　なお、日本については調査実施と参加教員の負担を減らすために、1つの授業につき授業資料を1回のみ収集し、1人の教員について合計2セットの授業資料を用いてスコアを算出した（収集した授業資料は、ビデオ撮影した2回の授業に関する授業資料である）。

1.5.3　調査の質の管理

　分析コードの開発、分析者の研修資料の開発および授業ビデオの数値化において、調査の質の管理に係る以下の取り組みが行われた。

分析コードの開発

　分析コードは、参加国・地域の数学教育の専門家を交え、約2年間の時間をかけて推こうを繰り返して開発された。推こうの段階の1つは、2017年度に実施されたパイロット調査である。パイロット調査では、分析コードの案を用いて実際の授業ビデオや授業資料の分析が行われ、その妥当性や信頼性が検討された。その後、分析コードは外部専門家と参加国・地域の専門家によって再び検討がなされ、最終的に参加国・地域で同じ水準で評価できるようデザインされた。なお、2つの構成要素（「自発的なかかわり」と「明解さ」）については、OECDによる分析では十分に機能しないことが明らかになり、分析から除外された。

　GTIにおける分析コードの開発は、授業分析の結果が国際比較できるように、以下のデザイン原則に沿って進められた。

- 多くの国で通用する質の高い授業に関する概念を基にすること
- 8つの参加国・地域における様々な指導をとらえることができること
- 研修などのトレーニングによって分析コードの理解を深めることができること
- 多様な背景を持つ分析者が理解できるような定義とすること
- 授業ビデオや授業資料における観察可能な言動や指導の要素に焦点を当てること

分析者のトレーニングのための研修資料

　分析コードの完成後、分析者のトレーニングのために、授業観察コードと授業資料コードの研修資料（英語版）が開発された。研修資料の開発は、次の4つの原則に沿って進められた。

- 数値化の際、国内的および国際的に同じ水準で評価できること
- 研修資料の素材は、各参加国・地域から提供された資料を同程度用いること
- 分析者の背景が異なっていても、数値化の際、影響を受けにくいこと（分析者に数学の高い専門性を求めることはないが、二次方程式の内容を理解していることを前提とする）
- 研修資料の内容は、対面のトレーニングで効果的に学べる程度にわかりやすいこと

授業ビデオの数値化

　授業分析の質は可能な限り高い水準で維持することが望まれる。GTIでは授業ビデオの数値化に関する質を管理し、その信頼性と妥当性を高めるために、以下の手続きが用いられた。

● 分析者の認定（certification）

　各参加国・地域において、授業分析に参加予定の全ての候補者は、数値化に関するトレーニングを受けた後、実際に授業ビデオを数値化する認証テストを受けることが求められた。認証テストでは、同一授業ビデオに対して、候補者自身が求めたスコアと国際コンソーシアムが提供する基準となるスコア（master ratings）との一致率が計算され、基準を満たした候補者のみが分析者として認定される手続きが取られた。

● **数値化の質の較正（calibration）**

　GTIでは分析対象の授業数が多く、授業ビデオの数値化には数週間の作業時間が予定された。これは、分析者はトレーニングを受けた後、数週間にわたって分析を行うことを意味し、その期間にわたって研修効果を持続させる必要があった。GTIでは、基本的に週に1回の頻度で、数値化の質の較正（calibration）を目的とした分析検討会を設けることで、分析者の数値化の質を一定に保つ努力がなされた。分析検討会では、各分析者が同一の授業ビデオを数値化し、その結果と数値化の判断材料とした教員や生徒の言動や授業の要素といったエビデンスに関して意見交換を行いつつ、数値化の質の較正を行った。

● **国際的な比較における妥当性の検討（validation）**

　GTIでは参加国・地域の分析者によって、その国や地域の授業ビデオが数値化される。そのため、授業ビデオの数値化については、参加国・地域間で同じ水準であり、その水準を維持できていることが重要である。GTIでは、授業ビデオの一部のスコアに対して、国際的な比較における妥当性を検討する手続きが取られた。具体的には、各参加国・地域で授業ビデオが数値化される際、対象の授業ビデオの一部に、妥当性の検討（validation）を目的とした授業ビデオが追加された。この授業ビデオは国際コンソーシアムによってあらかじめ数値化がなされていた（分析者には、この授業ビデオのスコアは知らされていなかった）。各参加国・地域はこの授業ビデオのスコアを国際コンソーシアムに提出し、国際コンソーシアムはこの情報を用いて国際的な比較可能性に関する妥当性を検討した。

　分析者の認定、数値化の質の較正、国際的な比較における妥当性の検討の詳細については、今後、OECDが追加するテクニカルレポートを参照されたい。

1.6 ┃ GTIにおける方法の工夫と課題

　GTIは、国ごとの指導実践と生徒の学習との関係を調査するために企画された先駆的な研究であり、教育をどのように評価するかという観点で研究者の理解を深めることができる新たな方法論の開拓を目指した。方法論の一部には、研究結果に対する信頼性と妥当性の担保という点では今後も検討を重ねる必要はあるものの、手続きを工夫し実現可能な方法が用いられた。

　例えば、複数のデータを組み合わせて教育を評価する場合の分析者の数や評価要素の数について取り上げると、GTIでは、分析者が同じ教員を2度評価（数値化）しないよう割り当ててスコアの信頼性を向上させた。また、分析者への認知的要求が過剰にならないように、授業をセグメント化することで対処するなど工夫した。

　GTIは国際調査であり複数の国や地域の授業分析を行ったが、授業分析の質は一国の授業を対象とした研究に匹敵するレベルに達していた。例えば、GTIの「構成要素」の分析において、2人の分析者の数値化によって得られたスコアの一致率は、8つの参加国・地域で平均50%〜56%に収まった。また、2人の分析者によるスコアの差が1（例：分析者Aによるスコアが3であり、分析者Bによるスコアが4）であった割合は、8つの参加国・地域で平均86%〜92%であった。また、「指標」の分析では、2人の分析者のスコアの一致率は、8つの参加国・地域で平均88%〜91%であり、2人の分析者によるスコアの差が1であった割合は、8つの参加国・地域で平均98%〜99%

だった。

　このように GTI のデザインは慎重に検討されているが、調査結果の解釈において留意すべき点がいくつかある。まず、GTI は教育の質に関して国際的な順位付けをするものではない。ある国の指導実践の質を、他国との単純な比較によって判断するのは注意が必要である。GTI は、調査対象に関して PISA や TALIS と類似した調査ではあるものの、いくつかの参加国・地域で、対象の選定方法や対象地域に差が生じている。また、GTI で数値化に用いられた分析コードは、探索的に開発されたものである点においても注意が必要である。更に、GTI では参加国・地域で推こうを重ね共通の分析コードを開発したが、例えば、「尊敬」や「励ましと温かさ」などの分析コードは、参加国・地域によって意味が異なる可能性が残される。国をまたいだ共通の分析コードの確立は今後の課題として挙げられる。

参考文献・資料

Clarke, D., J. Emanuelsson and E. Jablonka（eds.）（2006）, *Making Connections: Comparing Mathematics Classrooms Around the World.*

Hanushek, E.（2011）, "The economic value of higher teacher quality", *Economics of Education Review*, Vol. 30/3, pp. 466-479.

Hiebert, J. et al.（2003）, "Teaching mathematics in seven countries: Results from the TIMSS 1999 video study.", *Education Statistics Quarterly*, Vol. 5/1, https://nces.ed.gov/programs/quarterly/vol_5/5_1/q2_1.asp

OECD（2014）, *New Insights from TALIS 2013: Teaching and Learning in Primary and Upper Secondary Education*, TALIS, OECD Publishing, Paris, https://dx.doi.org/10.1787/9789264226319-en.

OECD（2016）, *PISA 2015 Results（Volume II）: Policies and Practices for Successful Schools*, PISA, OECD Publishing, Paris, https://dx.doi.org/10.1787/9789264267510-en.

OECD（2019）, *TALIS 2018 Results（Volume I）: Teachers and School Leaders as Lifelong Learners*, TALIS, OECD Publishing, Paris, https://dx.doi.org/10.1787/1d0bc92a-en.

Praetorius, A. et al.（2019）, "Methodological challenges in conducting international research on teaching quality using standardized observations", in Suter, L., E. Smith and B. Denman（eds.）, *The SAGE Handbook of Comparative Studies in Education*, SAGE Publishing, Thousand Oaks, CA.

Rozman, M. and E. Klieme（2017）, Exploring cross-national changes in instructional practices: Evidence from four cycles of TIMSS. Policy Brief Vol. 13., International Association for the Evaluation of Educational Achievement., Amsterdam.

清水 美憲（2002）, 数学科授業の国際比較：学習者の観点からみた授業の分析, 日本科学教育学会年会論文集 26, pp.109-110.

Stigler, J. et al.（1999）, *The TIMSS Videotape Classroom Study: Methods and Findings from an Exploratory Research Project on Eighth-Grade Mathematics Instruction in Germany, Japan, and the United States.*, National Center for Education Statistics（NCES）, Washington DC.

第 2 章

授業運営

調査結果のポイント

　本章では、授業運営の質、授業の様子、授業における活動形態について、授業ビデオの分析結果を基に報告する。主要な結果は以下であった。

- ●授業運営、社会的・情緒的支援、教科指導の 3 領域における参加国・地域の平均スコアを比較したところ、全ての参加国・地域で、授業運営が 3 領域の中で最も高かった。
- ●授業運営領域における全ての参加国・地域の平均スコアは 3.49 以上（スコアの範囲は 1 〜 4）で、質の高い授業運営がなされていることがわかった。特に K-S-T（日本）の平均スコアは最も高く、質の高い授業運営がなされていたことが示された。
- ● 1 回の授業時間は、全ての参加国・地域で平均すると 54 分であり、K-S-T（日本）での平均は50 分であった。またその長さは参加国・地域によってばらつきがみられた。
- ●「課題にかける時間」の平均スコアは、全ての参加国・地域で 3.71 以上（スコアの範囲は 1 〜4）であり、授業時間のほとんどが、他の活動に費やされることなく、数学の学習に費やされていたことが示された。
- ●授業の様子に関して、大多数の国・地域では、授業はよく整理された効率的なルーティーン、教員による頻繁な教室全体のモニタリング、そして中断や混乱への迅速かつ効果的な対処がなされていた。
- ● K-S-T（日本）では、「ルーティーン」について、全てのクラスの平均スコアが 3.5 〜 4.0 の範囲（スコアの範囲は 1 〜 4）にあったことから、どの授業も一貫してよく整理され、効率的なルーティーンが行われていることがわかった。
- ●全ての参加国・地域で、9 割近いセグメントでクラス全体の指導（講義形式の指導）が観察された。K-S-T（日本）では、各セグメントにおいてクラス全体の活動形態だけではなく、二人組や小グループ、個別など、他の活動形態も比較的用いられていることがわかった。

2.1 授業運営

　教員の授業運営は、授業時間を効果的に導くことを可能にし、そのことがしばしば生徒の成績に関連しているという報告がなされている（Baumert 他 (2010); Kane, Staiger (2012); van Tartwijk, Hammerness (2011)）。授業運営を質的に把握することは有益であり、それは授業観察によってこそ知り得ることができる。

2.1.1　授業運営の質

　GTI では、質の高い授業の実践に向けて、6 つの指導実践の領域とそれらを構成する構成要素および指標を開発した。領域の一つである「授業運営」領域は、表 1.5 に示す複数の構成要素と指標で構成されている。

　構成要素「ルーティーン」は、「クラスには習慣化された作業があり、それらがよく整理されており、効率的である」かどうかに注目した。例えば、授業の開始や終わりの挨拶、出欠の確認、学習プリントの配付や宿題の確認などがこれに相当する。GTI では、それらが良く整理され、効率的に行われているかの程度を 1 〜 4 の範囲で数値化した。スコア 1 は、ルーティーンで時間が無駄になることが頻繁にある状況を表し、スコア 4 は最高スコアであり、全てのルーティーンが良く整理され、時間が無駄になることがない状況を表す。

　構成要素「モニタリング（観察）」では、教員が教室全体で起こっている状況をどの程度観察しているかについて、その方式と頻度を基に 1 〜 4 の範囲で数値化した。スコア 1 は、モニタリングしている証拠が少しある、またはないという状況を表し、スコア 4 は、教室全体を頻繁にモニタリングし、それを一貫して行っていることを表す。

　構成要素「中断や混乱への対処」では、教員が授業への中断や混乱に迅速かつ効果的に対処し、指導時間が失われていないか、中断や混乱の頻度や程度を基に 1 〜 4 の範囲で数値化した。ここでの中断や混乱とは、教員や生徒または部外者の行動によって、授業や教室での活動から著しく注意がそらされたり、無秩序や動揺が生じたりした場合が相当する。スコア 1 は、中断や混乱に、教員の非効果的、非効率的な対処により指導時間を著しく失う状況を表し、スコア 4 は、中断や混乱に教員が迅速かつ効果的に対処し、指導時間が失われることなく中断や混乱がない状況を表す。これら 3 つの各構成要素について分析者が数値化を行い、「授業運営」領域の平均スコアを算出した（算出方法は第 1 章参照）。

　「授業運営」領域全体の平均スコアは全ての参加国・地域で 3.49 以上であり、どの参加国・地域でも高い授業運営がなされていることがわかった。各参加国・地域の平均スコアは、K-S-T（日本）(3.81)、上海（中国）(3.75)、イングランド（英国）(3.74)、マドリード（スペイン）(3.72)、コロンビア (3.70)、ドイツ* (3.67)、メキシコ (3.58)、B-M-V（チリ）(3.49) であった。特に K-S-T（日本）の平均スコアは 3.81 で最も高く、また K-S-T（日本）と上海（中国）では、ほぼ全てのクラスで平均スコア 3.5 を上回っていた（付表 2.1, 付表 2.2）。図 2.1 は、各クラスの授業運営の平均スコアの分布を示したものである。図 2.1 の密度曲線の形に注目すると、全ての参加国・地

図 2.1 ［1/2］ 「授業運営」領域の平均スコアの分布

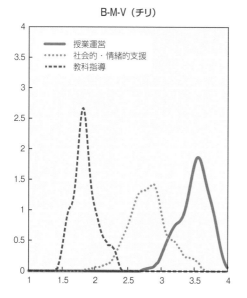
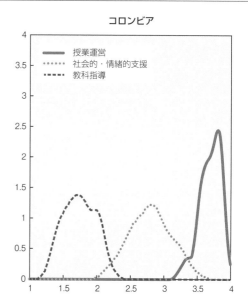

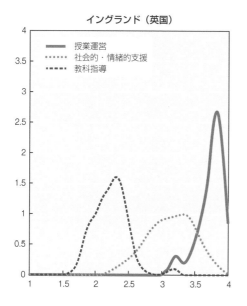
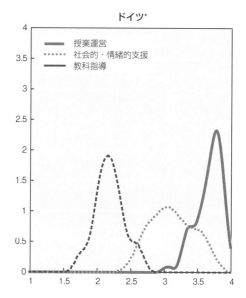

注：授業運営領域の各クラスのスコアは、構成要素「ルーティーン」、「モニタリング（観察）」、「中断や混乱への対処」の平均である。グラフは、スコア 0.02 を階級幅として平滑化した授業運営領域ごとの平均スコアの密度曲線である（参考のため、社会的・情緒的支援領域、教科指導領域の分布も破線・点線で示している）。横軸は各領域の平均スコアを、縦軸は分布の密度を示している。曲線の先端がよりとがっているほど、平均スコアがあるスコアに集中していることを示す。ほとんどの国・地域でみられる密度 0 の直線は、平均スコアが 1 または 2 の授業が一つもなかったことを示す。密度曲線はスコアの分布の概形を示すものである。
上海（中国）の授業運営領域の密度曲線は y=4.0 でまでで省略された表示となっており、平均スコアが 3.74、密度 5.94 でピークに達している。
ドイツ＊は調査対象学校が便宜的標本であることを意味する。
国・地域はアルファベット順に並べている。
出典：OECD, Global Teaching InSights Database.

図 2.1 ［2/2］ 「授業運営」領域の平均スコアの分布

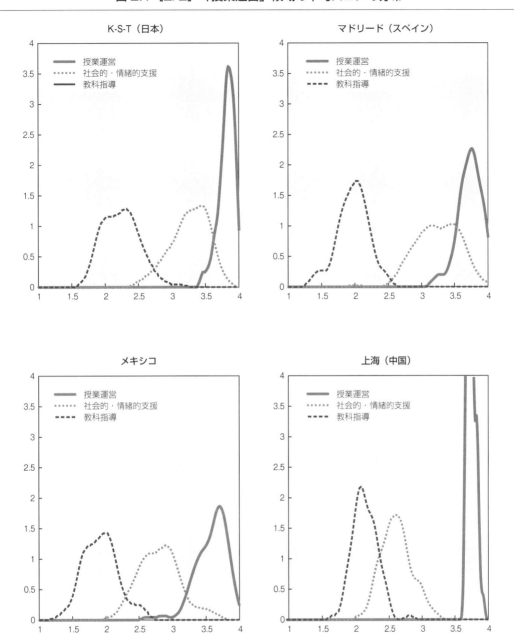

注：授業運営領域の各クラスのスコアは、構成要素「ルーティーン」、「モニタリング（観察）」、「中断や混乱への対処」の平均である。グラフは、スコア0.02を階級幅として平滑化した授業運営領域ごとの平均スコアの密度曲線である（参考のため、社会的・情緒的支援領域、教科指導領域の分布も破線・点線で示している）。横軸は各領域の平均スコアを、縦軸は分布の密度を示している。曲線の先端がよりとがっているほど、平均スコアがあるスコアに集中していることを示す。ほとんどの国・地域でみられる密度0の直線は、平均スコアが1または2の授業が一つもなかったことを示す。密度曲線はスコアの分布の概形を示すものである。
上海（中国）の授業運営領域の密度曲線はy=4.0でまでで省略された表示となっており、平均スコアが3.74、密度5.94でピークに達している。
ドイツ*は調査対象学校が便宜的標本であることを意味する。
国・地域はアルファベット順に並べている。
出典：OECD, Global Teaching InSights Database.

域で先のとがった山型を示しており、このことから、授業運営に関して参加国・地域全体で実施されている授業が互いに類似していることが示唆された。

　次に、「授業運営」、「社会的・情緒的支援」、「教科指導」の3領域における各国・地域の平均スコアを比較したところ、全ての参加国・地域で、「授業運営」が3領域の中で最も高い平均スコアを示していた（図2.1）。「授業運営」領域のスコアが高いことは、生徒が授業時間のうち多くを数学の学習および社会情緒的スキルの育成に充てられることを意味する。

2.1.2　数学以外の活動に使われた時間

　GTIでは、1回の授業時間の長さおよび授業時間内の活動内容と、それに対する時間を調べた。1回の授業時間の長さは、参加国・地域全体の平均で54分であった（付表2.3）。1回の授業時間の平均の長さは参加国・地域によってばらつきがみられ、最も長かったのはドイツ*（65分）、次いでコロンビア（63分）、B-M-V（チリ）（62分）、メキシコ（55分）、イングランド（英国）（54分）、K-S-T（日本）（50分）、マドリード（スペイン）（47分）、上海（中国）（42分）であった。

　授業時間の中では、例えば、教員が生徒の出欠を確認する、週末の活動について生徒と話をする、グループ学習を行うために生徒が椅子を動かすなどの、厳密には数学の学習とはいえない取り組みもある。GTIでは、このような数学の活動に直接焦点を当てない活動またはそのような状況にどのくらいの時間が費やされたかについても調べた。数学の学習ではない活動もその全てが「失われた時間」というわけではない。例えば、教員と生徒が週末の活動について会話することで、教員が生徒に興味を向けていることが間接的に生徒に伝わり、そのことが生徒の成長を支える社会的関係の構築や維持につながる。指標「課題にかける時間」では、数学の学習に焦点を当てない活動、課題または会話によって失われている時間について、8分間のセグメントごとに、スコア1（セグメントのうち50％以上（通常4分以上）の時間が失われた）～スコア4（セグメントの6％以下（通常30秒以下）の時間が失われた）の範囲で数値化した。「課題にかける時間」の結果は、上海（中国）（3.94）、ドイツ*（3.89）、マドリード（スペイン）（3.89）、イングランド（英国）（3.86）、K-S-T（日本）（3.84）、B-M-V（チリ）（3.79）、コロンビア（3.78）、メキシコ（3.71）となった。全ての参加国・地域の平均は3.71以上であり、授業時間のほとんどが他の活動に費やされることなく、数学の学習に費やされていたことが示された（付表2.5）。このことから、ほとんどのセグメントではそのスコアは4であり、数学以外の活動に費やされたのは0秒～30秒であったことが示唆された。

　続いて、1回の授業の流れのどのあたりが数学以外の活動に費やされる傾向があるかを調べるために、1回の授業のセグメントを「最初のセグメント」、「中間のセグメント」、「最後のセグメント」の3つのグループに分け、それぞれの平均スコアを求めた。また、3つのセグメントごとの平均スコアが3.5より低い、つまり1セグメント8分のうち、およそ30秒を超える時間を数学の学習以外の活動に費やした授業の割合を求めた（図2.2）。ここで「中間のセグメント」とは、「最初のセグメント」と「最後のセグメント」を除く全てのセグメントであり、「中間のセグメント」のスコアは、「最初のセグメント」と「最後のセグメント」を除く全てのセグメントのスコアを平均したものである。その結果、全ての参加国・地域において、数学の学習以外の活動に費やされる時間

**図2.2　指標「課題にかける時間」において授業内で数学以外の活動に使われた時間が多かった
セグメントごとのクラス数の割合比較（%）**

授業を3つのセグメントにわけた各セグメントで、数学以外の活動が30秒を超えたクラスの割合

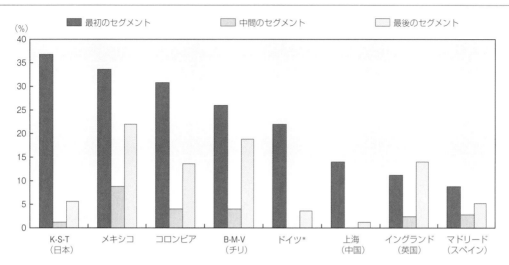

注：指標「課題にかける時間」のスコアは、分析者による授業ビデオの数値化データを基にした。1回の授業時間を8分間ごとのセグメント
に分け、それぞれ1～4のスコアの範囲で数値化した。スコア1はセグメントの50%以上の時間が数学以外の活動に使われた、スコア4は
セグメントの7%未満の時間が数学以外の活動に使われたことを示す。セグメントで分析者間の平均（また、中間セグメントについては各セ
グメントを含めた平均）が3.5未満の場合、授業では30秒未満が数学以外の活動に使われたとされた。
ドイツ*は調査対象学校が便宜的標本であることを意味する。
国・地域は、授業の平均割合が大きい順に並べている。
出典：OECD, Global Teaching InSights Database.

は、「最初のセグメント」または「最後のセグメント」が多く、「中間のセグメント」では、数学の学
習に最も焦点化していることがわかった。参加国・地域ごとにみてみると、イングランド（英国）を
除く国・地域では、授業の「最初のセグメント」に数学の学習以外の活動が見られる割合が高かっ
た。「最初のセグメント」では、2人の分析者のうち少なくとも1人が30秒を超える数学の学習以外
の活動を観察したクラスがK-S-T（日本）で37%あり、以下メキシコ（33%）、コロンビア（31%）、
B-M-V（チリ）（26%）、ドイツ*（22%）、上海（中国）（14%）、イングランド（英国）（11%）、マド
リード（スペイン）（9%）と続いた。同じく「中間のセグメント」では、その割合は0%～9%であ
った（付表2.6）。

2.2 ｜ 授業の様子

　実際の授業の様子を観察することで、学習時間やその使い方、教員の教室内での取り組みを1つ
のエビデンスとして把握することができる。これは、授業そのものや授業運営の改善に向けた手掛
かりとなる。

2.2.1　中断や混乱への対処

　どの授業においても予期せぬことが生じ、学習時間が失われる可能性がある。その要因の1つと
して中断や混乱に直面する場合が挙げられる。例えば、廊下から聞こえる大きな音、プロジェクタ

第2章

ーや電子黒板の不具合、生徒の不適切な振る舞いなどがそれにあたる。こうした中断や混乱は、生徒の学習時間を失わせることにもつながるため、教員は中断や混乱に対して、迅速かつ適切な対応を求められる。

　構成要素「中断や混乱への対処」では、教員が授業中の中断や混乱に迅速かつ効果的に対処するかについて、その頻度や程度を基に 1 〜 4 の範囲で数値化した。スコア 4 は、中断や混乱がなかった、または教員が迅速かつ効果的に対処し、指導時間は失われなかったことを表す。その結果、全ての参加国・地域の大多数のクラスにおいて、平均スコアが 3.8 より高かった（図 2.3，付表 2.1，付表 2.2）。これは、中断や混乱が起きたとき、教員が迅速かつ適切に対処し、生徒の学習への集中は一時的に中断したとはいえ、そのせいで学習時間が大きく失われることはなかったことを意味する。「中断や混乱への対処」の参加国・地域の平均スコアは、上海（中国）（3.99）、K-S-T（日本）（3.98）、コロンビア（3.96）、メキシコ（3.93）、マドリード（スペイン）（3.91）、B-M-V（チリ）（3.84）、ドイツ*（3.83）、イングランド（英国）（3.82）であった。

2.2.2　ルーティーン

　学習時間が失われる要因には、中断や混乱の他に、授業内で習慣化された作業も挙げられる。例えば、教員が生徒の出欠の確認をしたり、教材や教具を配付したり、全体学習や個別学習への移行などが挙げられる。構成要素「ルーティーン」では、クラスに習慣化された作業があり、それらがよく整理されて効率的に進められているかについて、その程度を基に 1 〜 4 の範囲で数値化した。その結果、「ルーティーン」の平均スコアは、上海（中国）（4.00）、K-S-T（日本）（3.92）、マドリ

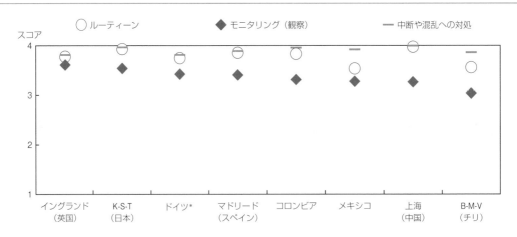

図 2.3　構成要素「ルーティーン」、「モニタリング（観察）」、「中断や混乱への対処」の
各国・地域の平均スコア

注：スコアは、分析者による授業ビデオの数値化データを基にした。構成要素「ルーティーン」、「モニタリング（観察）」、「中断や混乱への対処」のスコアの範囲は 1 〜 4 である。スコア 1 はルーティーンのごく一部は整理されていること、スコア 4 は全てのルーティーンはよく整理されていることを示す。構成要素「モニタリング（観察）」では、スコア 1 はモニタリング（観察）している証拠が少しある、又はないこと、スコア 4 は教室全体を頻繁にモニタリング（観察）することを示す。構成要素「中断と混乱への対処」では、スコア 1 は効果的、効率的に対処しないこと、スコア 4 は効果的、効率的に対処することを示す。
ドイツ*は調査対象学校が便宜的標本であることを意味する。
国・地域は、構成要素「モニタリング（観察）」のスコアが大きい順に並べている。
出典：OECD, Global Teaching InSights Database.

ード（スペイン）（3.84）、コロンビア（3.82）、イングランド（英国）（3.78）、ドイツ*（3.74）、
B-M-V（チリ）（3.57）、メキシコ（3.53）で、全ての参加国・地域で高いスコアであった。また、
国・地域それぞれで観察した授業間でのばらつきもほとんどみられなかった。特に K-S-T（日本）
と上海（中国）では、全てのクラスのスコアが 3.5 〜 4.0 であったことから、どの授業も一貫して
よく整理され、効率的なルーティーンが行われていることがわかった（付表 2.1, 付表 2.2）。

2.2.3　モニタリング

　モニタリングは、教員が教室前方から生徒全員を見渡すことや、生徒が個別に学習している際の
机間巡視、小グループでの活動の際、生徒の声の大きさが他の生徒の学習の妨げになっていること
に気付くなど、教室全体で起きていることを把握するための重要な指導である。適切なモニタリン
グは、授業内の中断や混乱を事前に防ぎ、生徒を学習に集中できるように配慮することにつながる。
　構成要素「モニタリング（観察）」では、教員が教室全体で起こっている状況を観察する方法と
頻度を基に 1 〜 4 の範囲で数値化した。分析者は、教員が生徒と物理的距離を保っていることや、
教員が教室全体を見渡していること、生徒の方を向いていること、様々な生徒に発言を求めること、
生徒の進み具合に気を配るという方法に注目した。「モニタリング（観察）」の平均スコアは、全て
の参加国・地域でスコア 3.0 を上回っていた（教員は教室全体を時々または頻繁にモニタリングし
ていたことを意味する）。最も高い平均スコアはイングランド（英国）（3.61）、次いで K-S-T（日
本）（3.54）で、ドイツ*（3.45）、マドリード（スペイン）（3.41）、コロンビア（3.31）、メキシコ
（3.27）、上海（中国）（3.24）、B-M-V（チリ）（3.06）となった。また、平均スコアが 3.5 より高い

図 2.4　構成要素「モニタリング（観察）」のスコアごとのクラス数の割合（%）

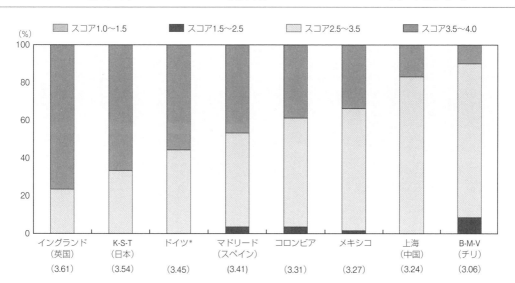

注：グラフ中の国・地域名の下には、構成要素「モニタリング（観察）」の平均スコアを示す。スコアは、分析者による授業ビデオの数値化デ
ータを基にした。スコアの範囲は 1 〜 4 であり、スコア 1 はモニタリング（観察）している証拠が少しある、又はないこと、スコア 4 は教室
全体を頻繁にモニタリング（観察）することを示す。
ドイツ*は調査対象学校が便宜的標本であることを意味する。
国・地域は、「モニタリング（観察）」の平均スコアが大きい順に並べている。
出典：OECD, Global Teaching InSights Database.

値のクラスの割合、つまり、教員が教室全体を頻繁にモニタリングし、それを授業全体で一貫して行っていると評価できるクラスの割合は、イングランド（英国）では76％、K-S-T（日本）では66％であった。2つの国・地域では約7割のクラスで頻繁にモニタリングが行われており、学習環境の維持に対して積極的に取り組んでいるクラスの割合が特に高いと言える（図2.4，付表2.1，付表2.2）。

2.3 授業における活動形態

　授業における活動形態は多様である。生徒の学習にとって効果的な活動形態を選択し、授業を運営することは重要である（Allen 他 (2013); Hochweber, Hosenfeld, Klieme (2014); OECD (2018)）。GTI では、授業においてどのような活動形態がよく用いられているかを調べた。指標「活動の形態と頻度」では、1「クラス全体」、2「小グループ（3人以上)」、3「二人組」、4「個別」の活動形態について、8分間のセグメント単位で、各形態の使用の有無とその頻度を基にスコア1（不使用）～4（セグメントの全ての時間を使用）の範囲で数値化した。その結果、教員が教室前方から生徒全員に対して行うクラス全体の指導（講義形式の指導）である「クラス全体」の活動形態は平均で9割近いセグメントで観察された。2番目に多く用いられていた活動形態は、座った状態で個別に学習する「個別」であった。生徒の「個別」の活動形態のセグメントの割合は参加国・地域でばらつきが見られ、多く観察されたのはイングランド（英国）（84％）、K-S-T（日本）（77％）、上海（中国）（68％）で、少なかったのはB-M-V（チリ）（48％）、メキシコ（38％）、ドイツ*（36％）、

図 2.5　活動形態（個別、クラス全体、小グループ、二人組）ごとのセグメントの割合（%）

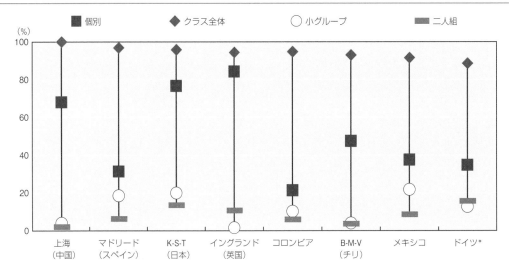

注：指標「活動の形態と頻度」のスコアは、分析者による授業ビデオの数値化データを基にした。1回の授業時間を8分間ごとのセグメントに分け、それぞれ1～4のスコアの範囲で数値化した。スコア1はその活動形態がセグメント内で使用されていないこと、スコア4はセグメントの全てで用いられたことを示す。本分析では、スコア1を「全く使用していない」、スコア2、3、4を「使用あり」として2つにまとめられ、「使用あり」のセグメントの割合を求め、平均化することで各活動形態が使用されたセグメントの割合を求めた。
ドイツ*は調査対象学校が便宜的標本であることを意味する。
国・地域は「クラス全体」の活動形態のセグメントの平均割合の大きい順に並べている。
出典：OECD, Global Teaching InSights Database.

第2章

マドリード（スペイン）（31％）、コロンビア（22％）であった。生徒の協働的な学習（「二人組」
または「小グループ（3 人以上）」の活動形態）を用いていたセグメントの割合は、全ての参加
国・地域で 22％を下回っていた（図 2.5，付表 2.4）。

　K-S-T（日本）では、約 9 割のクラスで、「クラス全体」の活動形態がセグメントの 89％で観察
された。また半数のクラスで、「二人組」がセグメントの少なくとも 8％、「小グループ（3 人以
上）」がセグメントの少なくとも 17％、「個別」がセグメントの 82％で観察された。K-S-T（日本）
では、各セグメントにおいて「クラス全体」の活動形態だけではなく、他の活動形態も比較的用い
られていることがわかった（図 2.5，付表 2.4）。

参考文献・資料

Allen, J. et al.（2013）, "Observations of Effective Teacher-Student Interactions in Secondary School Classrooms: Predicting Student Achievement With the Classroom Assessment Scoring System-Secondary.", *School psychology review*.

Baumert, J. et al.（2010）, "Teachers' mathematical knowledge, cognitive activation in the classroom, and student progress", *American Educational Research Journal*, Vol. 47/1, pp. 133-180, http://dx.doi.org/10.3102/0002831209345157.

Hochweber, J., I. Hosenfeld and E. Klieme（2014）, "Classroom composition, classroom management, and the relationship between student attributes and grades", *Journal of Educational Psychology*, http://dx.doi.org/10.1037/a0033829.

Kane, T. and D. Staiger（2012）, "Gathering Feedback for Teaching: Combining High-Quality Observations with Student Surveys and Achievement Gains. Research Paper. MET Project.", Bill & Melinda Gates Foundation.

OECD（2018）, "Student behaviour and classroom management", in *TALIS 2018 results（Volume 1）: Teachers and school leaders as lifelong learners*.

van Tartwijk, J. and K. Hammerness（2011）, *The neglected role of classroom management in teacher education*, http://dx.doi.org/10.1080/10476210.2011.567836.

第2章

第2章の付表

付表 2.1　「授業運営」領域における各構成要素のスコアの統計量

領域	構成要素	国・地域	クラス数	平均スコア	標準偏差	最小スコア	パーセンタイル値					最大スコア
							10%	20%	50%	80%	90%	
授業運営	ルーティーン	B-M-V（チリ）	98	3.57	0.32	2.65	3.13	3.33	3.63	3.85	3.94	4.00
		コロンビア	83	3.82	0.17	3.08	3.63	3.70	3.88	3.94	4.00	4.00
		イングランド（英国）	85	3.78	0.20	3.00	3.50	3.67	3.83	3.94	4.00	4.00
		ドイツ*	50	3.74	0.25	2.90	3.43	3.60	3.83	3.92	4.00	4.00
		K-S-T（日本）	89	3.92	0.11	3.58	3.75	3.83	4.00	4.00	4.00	4.00
		マドリード（スペイン）	85	3.84	0.19	3.08	3.67	3.75	3.92	4.00	4.00	4.00
		メキシコ	103	3.53	0.36	2.09	3.05	3.25	3.58	3.84	3.92	4.00
		上海（中国）	85	4.00	0.00	4.00	4.00	4.00	4.00	4.00	4.00	4.00
	モニタリング（観察）	B-M-V（チリ）	98	3.06	0.38	1.95	2.50	2.75	3.11	3.35	3.48	3.95
		コロンビア	83	3.31	0.40	1.81	2.80	3.00	3.38	3.63	3.70	4.00
		イングランド（英国）	85	3.61	0.29	2.63	3.23	3.42	3.67	3.83	3.92	4.00
		ドイツ*	50	3.45	0.30	2.50	3.12	3.20	3.53	3.67	3.75	3.92
		K-S-T（日本）	89	3.54	0.30	2.58	3.17	3.33	3.58	3.83	3.83	4.00
		マドリード（スペイン）	85	3.41	0.42	2.00	2.92	3.13	3.42	3.75	3.88	4.00
		メキシコ	103	3.27	0.40	2.00	2.68	2.92	3.33	3.65	3.75	3.96
		上海（中国）	85	3.24	0.19	3.00	3.00	3.00	3.25	3.42	3.50	3.75
	中断や混乱への対処	B-M-V（チリ）	98	3.84	0.18	3.30	3.58	3.68	3.90	4.00	4.00	4.00
		コロンビア	83	3.96	0.07	3.67	3.86	3.92	4.00	4.00	4.00	4.00
		イングランド（英国）	85	3.82	0.23	2.92	3.53	3.67	3.92	4.00	4.00	4.00
		ドイツ*	50	3.83	0.18	3.10	3.65	3.74	3.88	3.98	4.00	4.00
		K-S-T（日本）	89	3.98	0.05	3.67	3.92	4.00	4.00	4.00	4.00	4.00
		マドリード（スペイン）	85	3.91	0.13	3.38	3.75	3.83	4.00	4.00	4.00	4.00
		メキシコ	103	3.93	0.15	3.17	3.75	3.88	4.00	4.00	4.00	4.00
		上海（中国）	85	3.99	0.02	3.85	4.00	4.00	4.00	4.00	4.00	4.00
	領域全体の平均	B-M-V（チリ）	98	3.49	0.23	2.82	3.18	3.29	3.53	3.69	3.77	3.91
		コロンビア	83	3.70	0.16	3.23	3.52	3.56	3.72	3.84	3.86	4.00
		イングランド（英国）	85	3.74	0.20	3.11	3.48	3.61	3.79	3.89	3.92	4.00
		ドイツ*	50	3.67	0.19	3.07	3.37	3.52	3.73	3.82	3.86	3.94
		K-S-T（日本）	89	3.81	0.12	3.44	3.64	3.72	3.83	3.92	3.94	4.00
		マドリード（スペイン）	85	3.72	0.18	3.17	3.51	3.61	3.75	3.86	3.93	4.00
		メキシコ	103	3.58	0.24	2.61	3.28	3.40	3.64	3.78	3.83	3.94
		上海（中国）	85	3.75	0.06	3.67	3.67	3.67	3.75	3.81	3.83	3.92

注：ドイツ*は調査対象学校が便宜的標本であることを意味する。
出典：OECD, Global Teaching InSights Database.

付表 2.2　「授業運営」領域における各構成要素のスコアごとのクラス数の割合（%）

領域	構成要素	国・地域	度数（構成要素のスコア）				%（構成要素のスコア）			
			スコア 1.5 未満	スコア 1.5〜 2.5	スコア 2.5〜 3.5	スコア 3.5〜 4.0	スコア 1.5 未満	スコア 1.5〜 2.5	スコア 2.5〜 3.5	スコア 3.5〜 4.0
授業運営	ルーティーン	B-M-V（チリ）	0	0	30	68	0.0	0.0	30.6	69.4
		コロンビア	0	0	4	79	0.0	0.0	4.8	95.2
		イングランド（英国）	0	0	6	79	0.0	0.0	7.1	92.9
		ドイツ*	0	0	6	44	0.0	0.0	12.0	88.0
		K-S-T（日本）	0	0	0	89	0.0	0.0	0.0	100.0
		マドリード（スペイン）	0	0	5	80	0.0	0.0	5.9	94.1
		メキシコ	0	1	36	66	0.0	1.0	35.0	64.1
		上海（中国）	0	0	0	85	0.0	0.0	0.0	100.0
	モニタリング（観察）	B-M-V（チリ）	0	8	80	10	0.0	8.2	81.6	10.2
		コロンビア	0	3	48	32	0.0	3.6	57.8	38.6
		イングランド（英国）	0	0	20	65	0.0	0.0	23.5	76.5
		ドイツ*	0	0	22	28	0.0	0.0	44.0	56.0
		K-S-T（日本）	0	0	30	59	0.0	0.0	33.7	66.3
		マドリード（スペイン）	0	3	42	40	0.0	3.5	49.4	47.1
		メキシコ	0	2	66	35	0.0	1.9	64.1	34.0
		上海（中国）	0	0	71	14	0.0	0.0	83.5	16.5
	中断や混乱への対処	B-M-V（チリ）	0	0	4	94	0.0	0.0	4.1	95.9
		コロンビア	0	0	0	83	0.0	0.0	0.0	100.0
		イングランド（英国）	0	0	6	79	0.0	0.0	7.1	92.9
		ドイツ*	0	0	2	48	0.0	0.0	4.0	96.0
		K-S-T（日本）	0	0	0	89	0.0	0.0	0.0	100.0
		マドリード（スペイン）	0	0	1	84	0.0	0.0	1.2	98.8
		メキシコ	0	0	2	101	0.0	0.0	1.9	98.1
		上海（中国）	0	0	0	85	0.0	0.0	0.0	100.0
	領域全体の平均	B-M-V（チリ）	0	0	44	54	0.0	0.0	44.9	55.1
		コロンビア	0	0	6	77	0.0	0.0	7.2	92.8
		イングランド（英国）	0	0	9	76	0.0	0.0	10.6	89.4
		ドイツ*	0	0	9	41	0.0	0.0	18.0	82.0
		K-S-T（日本）	0	0	2	87	0.0	0.0	2.2	97.8
		マドリード（スペイン）	0	0	8	77	0.0	0.0	9.4	90.6
		メキシコ	0	0	33	70	0.0	0.0	32.0	68.0
		上海（中国）	0	0	0	85	0.0	0.0	0.0	100.0

注：ドイツ*は調査対象学校が便宜的標本であることを意味する。
出典：OECD, Global Teaching InSights Database.

付表 2.3　参加国・地域別の授業時間の統計量

国・地域	クラス数	平均値	標準偏差	最小値	パーセンタイル値					最大値
					10%	20%	50%	80%	90%	
B-M-V（チリ）	196	1:02:14	0:16:36	0:22:39	0:34:27	0:43:28	1:07:40	1:16:24	1:19:47	1:24:16
コロンビア	166	1:03:02	0:19:19	0:24:25	0:41:36	0:46:32	0:57:21	1:20:39	1:31:39	1:58:45
イングランド（英国）	167	0:54:08	0:08:50	0:23:46	0:45:30	0:48:53	0:53:59	0:57:03	1:02:59	1:39:53
ドイツ*	100	1:04:53	0:19:36	0:40:57	0:43:18	0:45:18	1:00:26	1:26:47	1:28:20	1:30:11
K-S-T（日本）	177	0:49:51	0:02:35	0:38:37	0:45:23	0:48:15	0:50:34	0:51:37	0:52:13	0:54:28
マドリード（スペイン）	169	0:47:02	0:06:06	0:32:31	0:40:10	0:42:32	0:46:28	0:51:25	0:54:14	1:16:29
メキシコ	206	0:55:11	0:16:25	0:23:24	0:39:36	0:42:47	0:51:38	1:05:16	1:19:00	2:03:50
上海（中国）	170	0:42:03	0:03:11	0:34:23	0:39:24	0:40:13	0:41:40	0:43:54	0:44:54	1:08:11
参加国・地域平均	1351	0:54:23	0:15:02	0:22:39	0:40:22	0:42:36	0:50:38	1:05:44	1:17:29	2:03:50

注：表示単位は「時間：分：秒」である。
ドイツ*は調査対象学校が便宜的標本であることを意味する。
出典：OECD, Global Teaching InSights Database.

第2章

付表 2.4　指標「活動形態」において各活動形態が授業内で用いられたセグメントの割合の統計量

領域	指標	国・地域	集計方法	数値化(スコア)の範囲	クラス数	平均スコア	標準偏差	最小スコア	パーセンタイル値					最大スコア
									10%	20%	50%	80%	90%	
授業運営	クラス全体	B-M-V（チリ）	割合	1-4	98	92.78	11.65	49.65	75.00	86.48	97.50	100.00	100.00	100.00
		コロンビア	割合	1-4	83	94.25	10.19	60.71	79.52	91.31	100.00	100.00	100.00	100.00
		イングランド（英国）	割合	1-4	85	94.62	8.26	60.71	85.29	89.05	100.00	100.00	100.00	100.00
		ドイツ*	割合	1-4	50	88.45	10.13	62.50	73.17	79.83	91.67	97.55	100.00	100.00
		K-S-T（日本）	割合	1-4	89	95.56	6.87	62.50	88.93	91.67	100.00	100.00	100.00	100.00
		マドリード（スペイン）	割合	1-4	85	96.63	8.15	60.00	89.29	95.83	100.00	100.00	100.00	100.00
		メキシコ	割合	1-4	103	91.23	13.59	31.06	69.08	82.08	100.00	100.00	100.00	100.00
		上海（中国）	割合	1-4	85	99.61	2.31	80.00	100.00	100.00	100.00	100.00	100.00	100.00
	小グループ（3人以上）	B-M-V（チリ）	割合	1-4	98	4.81	14.18	0.00	0.00	0.00	0.00	0.00	21.75	72.22
		コロンビア	割合	1-4	83	10.34	18.60	0.00	0.00	0.00	0.00	24.18	45.56	71.18
		イングランド（英国）	割合	1-4	85	2.16	5.58	0.00	0.00	0.00	0.00	3.21	8.33	32.14
		ドイツ*	割合	1-4	50	13.67	17.11	0.00	0.00	0.00	5.43	32.73	40.73	58.33
		K-S-T（日本）	割合	1-4	89	20.30	19.91	0.00	0.00	0.00	16.67	41.67	46.67	79.17
		マドリード（スペイン）	割合	1-4	85	19.20	25.91	0.00	0.00	0.00	0.00	45.17	53.83	100.00
		メキシコ	割合	1-4	103	21.91	27.85	0.00	0.00	0.00	6.25	44.44	71.55	100.00
		上海（中国）	割合	1-4	85	4.26	9.93	0.00	0.00	0.00	0.00	5.00	15.00	50.00
	二人組	B-M-V（チリ）	割合	1-4	98	4.05	11.14	0.00	0.00	0.00	0.00	0.00	14.22	57.50
		コロンビア	割合	1-4	83	5.97	14.18	0.00	0.00	0.00	0.00	6.29	21.53	70.24
		イングランド（英国）	割合	1-4	85	11.46	14.02	0.00	0.00	0.00	6.25	21.43	33.42	57.14
		ドイツ*	割合	1-4	50	16.17	16.03	0.00	0.00	0.00	12.50	27.48	40.98	54.55
		K-S-T（日本）	割合	1-4	89	13.54	14.46	0.00	0.00	2.50	8.33	20.83	38.33	62.50
		マドリード（スペイン）	割合	1-4	85	6.45	13.31	0.00	0.00	0.00	0.00	10.00	21.43	53.57
		メキシコ	割合	1-4	103	9.30	16.64	0.00	0.00	0.00	0.00	20.83	33.33	83.64
		上海（中国）	割合	1-4	85	2.49	5.87	0.00	0.00	0.00	0.00	5.00	9.33	40.00
	個別	B-M-V（チリ）	割合	1-4	98	47.62	23.66	0.00	14.67	25.67	49.31	69.78	78.28	93.75
		コロンビア	割合	1-4	83	22.01	21.75	0.00	0.00	0.00	16.67	35.43	50.44	88.69
		イングランド（英国）	割合	1-4	85	84.23	12.70	50.00	66.67	74.88	85.71	95.83	100.00	100.00
		ドイツ*	割合	1-4	50	35.57	21.04	0.00	3.75	20.36	35.00	50.00	60.82	88.64
		K-S-T（日本）	割合	1-4	89	76.68	17.13	16.67	58.10	63.57	81.67	91.67	97.14	100.00
		マドリード（スペイン）	割合	1-4	85	31.41	21.25	0.00	4.17	15.24	25.83	47.45	63.00	100.00
		メキシコ	割合	1-4	103	37.92	27.06	0.00	3.57	9.09	36.90	64.71	76.81	95.83
		上海（中国）	割合	1-4	85	68.41	17.53	14.17	50.00	55.00	70.00	85.00	90.00	100.00

注：「活動の形態」は、分析者によって1〜4の範囲で数値化され、1はセグメント内でその活動形態が使用されていないことを示し、4はセグメント全体で使用されていることを示す。この集計方法では、各分析者の評価が1（活動形態を使用していない）よりも大きいセグメントの割合を求め、平均化することで、各活動形態が使用されたセグメントの割合を求めた。
ドイツ*は調査対象学校が便宜的標本であることを意味する。
出典：OECD, Global Teaching InSights Database.

付表2.5　指標「課題にかける時間」のスコアの統計量

領域	指標	国・地域	集計方法	数値化(スコア)の範囲	クラス数	平均スコア	標準偏差	最小スコア	パーセンタイル値					最大スコア
									10%	20%	50%	80%	90%	
授業運営	課題にかける時間	B-M-V（チリ）	平均	1-4	98	3.79	0.15	3.18	3.61	3.68	3.80	3.93	3.97	4.00
		コロンビア	平均	1-4	83	3.78	0.19	2.97	3.55	3.66	3.82	3.96	4.00	4.00
		イングランド（英国）	平均	1-4	85	3.86	0.12	3.43	3.69	3.77	3.89	3.96	4.00	4.00
		ドイツ*	平均	1-4	50	3.89	0.10	3.58	3.79	3.85	3.89	3.96	4.00	4.00
		K-S-T（日本）	平均	1-4	89	3.84	0.12	3.50	3.66	3.75	3.88	3.92	4.00	4.00
		マドリード（スペイン）	平均	1-4	85	3.89	0.13	3.25	3.72	3.80	3.92	4.00	4.00	4.00
		メキシコ	平均	1-4	103	3.71	0.21	2.82	3.45	3.53	3.75	3.89	3.95	4.00
		上海（中国）	平均	1-4	85	3.94	0.07	3.75	3.85	3.87	3.95	4.00	4.00	4.00

注：1.「課題にかける時間」は、分析者によって数値化されたセグメントごとのスコアを平均化することで、クラス単位の値にされた。
ドイツ*は調査対象学校が便宜的標本であることを意味する。
出典：OECD, Global Teaching InSights Database.

付表2.6　指標「課題にかける時間」において授業内で数学以外の活動に使われた時間が多かったセグメントごとのクラス数の割合（%）

授業を3つのセグメントにわけた各セグメントで、数学以外の活動が30秒を超えたクラスの割合

領域	指標	国・地域	最初のセグメント	中間のセグメント	最後のセグメント
授業運営	課題にかける時間	B-M-V（チリ）	26.0	4.1	18.8
		コロンビア	30.7	4.2	13.5
		イングランド（英国）	11.4	2.4	14.0
		ドイツ*	22.0	0.0	3.6
		K-S-T（日本）	36.7	1.1	5.6
		マドリード（スペイン）	8.9	3.0	5.4
		メキシコ	33.5	8.7	21.9
		上海（中国）	14.1	0.0	1.2

ドイツ*は調査対象学校が便宜的標本であることを意味する。
出典：OECD, Global Teaching InSights Database.

第 **3** 章

社会的・情緒的支援

調査結果のポイント

　生徒が学習し成長する場として教室環境は重要である。本章では、教員と生徒の間の尊敬や励ましと温かさといった社会的・情緒的支援の実践の質と、こうした支援に対する教員と生徒の認識について、授業ビデオ、教員質問紙、生徒質問紙の分析結果を基に報告する。主要な結果は以下であった。

- 観察された社会的・情緒的支援の質は、全般的に、参加国・地域で中程度であった。教室で教員と生徒は互いに敬意を示しており、励ましと温かさは中程度であった。
- 教員のほぼ全員が生徒の学習を支援しているという認識を持ち、生徒との関係も良好であると考えていた。また、社会的・情緒的支援の実践については、生徒以上に教員の方が肯定的に捉えていた。
- 参加国・地域の「励ましと温かさ」の平均スコアは、ドイツ*（2.84）とK-S-T（日本）（2.84）が最も高かった（スコアの範囲は 1 ～ 4）。
- ドイツ*の 92%、メキシコの 85%、B-M-V（チリ）の 76% のクラスで教員は、生徒が数学的間違いや苦戦したことに対してある程度または強く支援した（平均スコアが 1.5 以上）。一方、マドリード（スペイン）の 78%、上海（中国）の 70%、K-S-T（日本）の 58%、コロンビアの 56%、イングランド（英国）の 54% のクラスで教員は、生徒が数学的間違いや苦戦したことに対して、対処しなかった、あるいは表面的な励ましによって取り組む努力を促した（平均スコアが 1.0 ～ 1.5 の範囲に位置する）。
- 生徒のほとんどが、学習中に、教員との関わりを通した社会的・情緒的支援を感じたことを報告した。

3.1 ｜ 社会的・情緒的支援の質

　教室において、教員と生徒の信頼関係、連帯感および帰属意識を特徴とする学習環境を作り出し維持することは重要である。

　GTI では、質の高い授業の実践に向けて、6 つの指導実践の領域とそれらを構成する構成要素および指標を開発した。領域の一つである「社会的・情緒的支援」領域は、表 1.5 に示す複数の構成要素と指標で構成されている。「社会的・情緒的支援」領域では、授業という文化的で社会的な営みにおいて教員が行う社会的支援や情緒的支援として、敬意、励ましと温かさ、更に生徒が学習に苦戦している場面での教員の支援の行為に注目した。

　「社会的・情緒的支援」領域の構成要素全体（「敬意」、「励ましと温かさ」）の平均スコアは、K-S-T（日本）（3.26）、マドリード（スペイン）（3.24）、イングランド（英国）（3.14）、ドイツ*（3.13）、メキシコ（2.81）、コロンビア（2.80）、B-M-V（チリ）（2.80）、上海（中国）（2.62）であった（付表 3.1，付表 3.2）。

　図 3.1 に示すように、社会的・情緒的支援の質は、参加国・地域によって幅がある。例えば、マドリード（スペイン）では「社会的・情緒的支援」領域のスコアの幅が 2.00 ～ 3.61 までと広い。この結果から、社会的・情緒的支援については、優れた実践がなされているクラスがある一方で改善の余地があるクラスがあることもわかる。

　参加国・地域のほぼ全ての教員は、生徒の学習を支援し、生徒との関係を構築していると認識していた。K-S-T（日本）については、多くの教員が同じ認識を持っていたが、約 2 割の教員は、クラスの社会的・情緒的支援の環境は更に改善できると考えていた（付表 3.6）。また K-S-T（日本）では、授業内での社会的・情緒的支援について教員と生徒の認識に違いが見られた。K-S-T（日本）の教員の 73% が「生徒が満足しているかについて関心があることを示した」について「当て

表 3.1　生徒への学習支援、教員と生徒の関係についての生徒への質問紙調査の集計結果

該当設問に「当てはまる」または「非常に良く当てはまる」と回答した生徒の割合（%）

	教員の生徒への学習支援			教員と生徒の関係				
	数学の先生は、追加のサポートが必要な生徒にはそれを与えた	数学の先生は、私たちが理解するまで教え続けた	数学の先生は、私たちの学習を支援した	私は、数学の先生とうまくやっていた	数学の先生は、私が満足しているかについて関心があった	数学の先生は、こちらが言うべきことをちゃんと聞いていた	数学の先生は、私を公平に扱ってくれた	数学の先生は、私のことを本当に気遣ってくれていると思った
B-M-V（チリ）	87	87	92	91	83	85	87	78
コロンビア	87	87	92	90	77	83	90	75
イングランド（英国）	89	85	94	89	77	79	91	68
ドイツ*	77	64	66	81	69	78	85	59
K-S-T（日本）	69	81	92	84	51	86	91	69
マドリード（スペイン）	79	85	89	84	80	82	85	72
メキシコ	88	89	92	90	82	86	91	79
上海（中国）	94	89	96	91	84	88	93	84

注：回答の選択肢：まったく当てはまらない – 当てはまらない – 当てはまる – 非常に良く当てはまる。
ドイツ*は調査対象学校が便宜的標本であることを意味する。
出典：OECD, Global Teaching InSights Database.

第3章

図 3.1［1/2］「社会的・情緒的支援」領域の平均スコアの分布

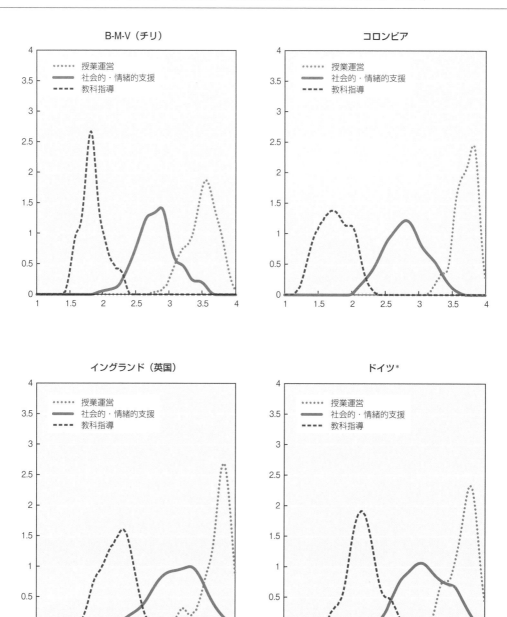

注：社会的・情緒的支援領域の各クラスのスコアは、構成要素「敬意」、「励ましと温かさ」の平均である。グラフは、スコア 0.02 を階級幅として平滑化した領域ごとの平均スコアの密度曲線である（参考のため、授業運営領域、教科指導領域の分布も破線・点線で示している）。横軸は各領域の平均スコアを、縦軸は分布の密度を示している。曲線の先端がよりとがっているほど、平均スコアがあるスコアに集中していることを表す。ほとんどの国・地域でみられる密度 0 の直線は、平均スコアが 1 または 2 の授業が一つもなかったことを示している。密度曲線はスコアの分布の概形を示すものである。
上海（中国）の授業運営領域の密度曲線は y=4.0 でまでで省略された表示となっており、平均スコアが 3.74、密度 5.94 でピークに達している。
ドイツ*は調査対象学校が便宜的標本であることを意味する。
国・地域はアルファベット順に並べてある。
出典：OECD, Global Teaching InSights Database.

図3.1 ［2/2］「社会的・情緒的支援」領域の平均スコアの分布

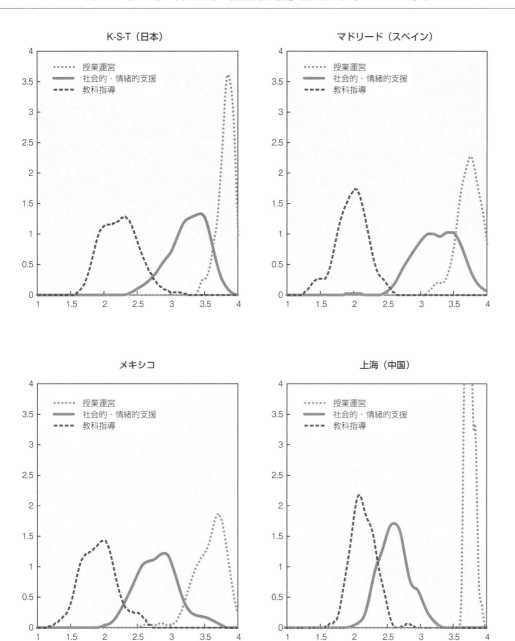

注：社会的・情緒的支援領域の各クラスのスコアは、構成要素「敬意」、「励ましと温かさ」の平均である。グラフは、スコア0.02を階級幅として平滑化した領域ごとの平均スコアの密度曲線である（参考のため、授業運営領域、教科指導領域の分布も破線・点線で示している）。横軸は各領域の平均スコアを、縦軸は分布の密度を示している。曲線の先端がよりとがっているほど、平均スコアがあるスコアに集中していることを表す。ほとんどの国・地域でみられる密度0の直線は、平均スコアが1または2の授業が一つもなかったことを示している。密度曲線はスコアの分布の概形を示すものである。
上海（中国）の授業運営領域の密度曲線はy=4.0までで省略された表示となっており、平均スコアが3.74、密度5.94でピークに達している。
ドイツ＊は調査対象学校が便宜的標本であることを意味する。
国・地域はアルファベット順に並べてある。
出典：OECD, Global Teaching InSights Database.

はまる」または「非常に良く当てはまる」と肯定的な回答をしたのに対し、同質問に対して同様に
肯定的に回答した生徒は51％に留まった（表3.1, 付表3.6）。ただし、K-S-T（日本）の生徒の反応
は、国・地域の文化的要因が背景となって教員の認識より生徒の認識が低くなった可能性もあるた
め、この結果の解釈には十分な注意を払う必要がある。

3.2 | 教員と生徒の間の敬意

　教員と生徒の間や生徒間で、個人を尊重し、互いに敬意を払う環境を構築することは、学習にと
って重要である（Beghetto, Baxter (2012); Jansen (2008); Kapur (2014); Steuer, Rosentritt-Brunn,
Dresel (2013)）。GTIでは、教員と生徒の互いへの敬意について、「社会的・情緒的支援」領域の中
の構成要素「敬意」によって分析を行った。ここでは、教員と生徒は互いへの敬意を、敬意を払っ
た言葉遣いをする、互いの発言に耳を傾けるなどの行為によって示しているか、教員と生徒が互い
にまたは生徒同士で、おどしたり、悪意や見下したりするような否定的で敬意を欠くようなやりと
りがないかといった観点から、その頻度を基に1～4の範囲で数値化した。スコア1は、教員と生
徒が互いへの敬意をごくたまに示すことを表し、スコア4は、教員と生徒は互いへの敬意を頻繁に、
常に一貫して示すことを表している。

　参加国・地域の「敬意」の平均スコアは、マドリード（スペイン）（3.75）、K-S-T（日本）（3.68）、
イングランド（英国）（3.56）、コロンビア（3.44）、ドイツ＊（3.42）、B-M-V（チリ）（3.34）、メキ
シコ（3.30）、上海（中国）（3.12）であった（図3.2, 付表3.1）。

図3.2　構成要素「敬意」のスコアごとのクラス数の割合（％）

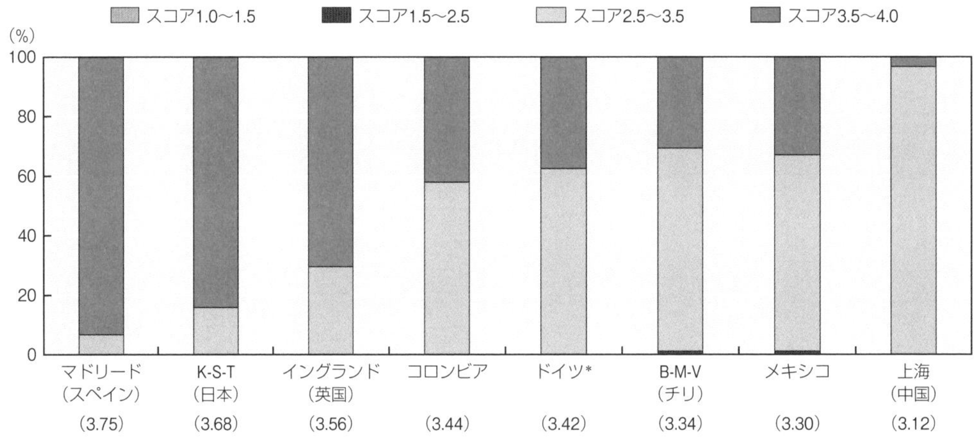

注：グラフ中の国・地域名の下には、構成要素「敬意」の平均スコアを示す。スコアは、分析者による授業ビデオの数値化データを基にした。
スコアの範囲は1～4であり、スコア1は教員と生徒は互いへの敬意をごくたまに示し、否定的なやりとりがほとんどないこと、スコア4は
頻繁に、常に一貫して敬意を示し、否定的なやりとりがないことを示す。
ドイツ＊は調査対象学校が便宜的標本であることを意味する。
国・地域は構成要素「敬意」の平均スコアの大きい順に並べている。
出典：OECD, Global Teaching InSights Database.

3.3 | 励ましと温かさ

　励ましや温かさのある教室環境は、意欲、自信および関心を形成する上で欠かせない生徒への支援である。近年の研究では、励ましと温かさのある教室あるいは学校では、生徒の学力および学習意欲が高い傾向が見いだされている（Wang, Degol (2016)）。GTI では、教員や生徒による教室での励ましや温かさについて、「社会的・情緒的支援」領域の中の構成要素「励ましと温かさ」によって分析を行った。ここでは、教員や生徒が学習全体を通して生徒を励ましたか（例：教員は生徒が間違ったときに安心させる、肯定的なコメントをする等）、温かさを共有する瞬間があるか（例：ほほえみ、笑い、冗談等）という観点から、その頻度を基に 1 ～ 4 の範囲で数値化した。スコア 1 は教員や生徒は学習全体を通して、生徒を励まさない、温かさが共有されたエビデンスがないことを表し、スコア 4 は教員や生徒は学習全体を通して、頻繁に生徒を励ます、温かさが共有される瞬間が頻繁にあることを表している。

　参加国・地域の「励ましと温かさ」の平均スコアは、K-S-T（日本）（2.84）とドイツ*（2.84）が最も高く、次いでマドリード（スペイン）（2.72）、イングランド（英国）（2.71）、メキシコ（2.31）、B-M-V（チリ）（2.27）、コロンビア（2.15）、上海（中国）（2.13）であった。スコアの分布は、参加国・地域のおよそ 90％のクラスがスコア 2.0 ～ 3.0 の間にあった（図 3.3, 付表 3.1）。また、「励ましと温かさ」が頻繁に観察された（スコア 3.5 ～ 4.0 の範囲に平均スコアが位置した）クラスは、ドイツ*で 10％、K-S-T（日本）で 9％、イングランド（英国）で 7％、マドリード（スペイン）で 6％であった（付表 3.2）。

図 3.3　構成要素「励ましと温かさ」のスコアごとのクラス数の割合（％）

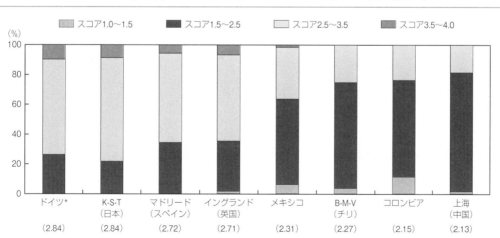

注：グラフ中の国・地域名の下には、構成要素「励ましと温かさ」の平均スコアを示す。スコアは、分析者による授業ビデオの数値化データを基にした。スコアの範囲は 1 ～ 4 であり、1 は励ましと温かさが共有されたエビデンスがないこと、4 は励ましと温かさが共有される瞬間が頻繁にあることを示す。
ドイツ*は調査対象学校が便宜的標本であることを意味する。
国・地域は構成要素「励ましと温かさ」の平均スコアの大きい順に並べている。
出典：OECD, Global Teaching InSights Database.

3.4 ┃ 粘り強さ

　数学の学習の際、計算間違いは起こるものである。計算を誤ったり手続きを飛ばしてしまったりと、生徒が学習にあたって間違ったり苦戦したりする経験は、粘り強さという社会情緒的に重要なスキルを育む機会となり得る（Barnes (2019)）。GTI では、数学の学習における生徒の粘り強い取り組みについて、「社会的・情緒的支援」領域の中の指標「粘り強さ」によって分析を行った。ここでは、教員の支援の下、生徒は間違いや数学に苦戦した際に、粘り強く取り組んだかどうかという観点から、その頻度や程度を基に 1 〜 4 の範囲で数値化した。スコア 1 は、生徒は、間違えたことや数学に苦戦したことがなかったことを表し、スコア 4 は、生徒は、間違えたことや数学に苦戦していることに気付いていることを表している。ここで、粘り強い取り組みが表れるのは、生徒が間違いに気づいたり、数学に苦戦したりするときである。分析者は、教員が "問 5 は間違っているよ" や "これはちょっと違うかな" など間違いを指摘する様子や、生徒自身が "あ、間違いに気づいた"、"問 4 の答えは正解じゃない" や "わかりません" のように間違いに気づく様子を探した。このような様子があった際、「粘り強さ」が見られる場面とした。「粘り強さ」が見られる場面は、参加国・地域のほぼ全てのクラスで観察された（付表 3.5）。セグメントに「粘り強さ」が見られる場面がない場合、そのセグメントのスコアは 1 とされた。以下に示す OECD による分析では、「粘り強さ」が見られる場面ではないスコア 1 を集計から除外し、1 〜 4 のスコアを 1 〜 3 のスコアへ再数値化した。これにより、再数値化したスコア 1 は、教員は生徒が苦戦している際に対処しなかったり、表面的に扱ったりしたことを表し、スコア 3 は、教員は生徒が苦戦している際にきめ細かく支援したことを

図 3.4　指標「粘り強さ」のスコアごとのクラス数の割合（%）

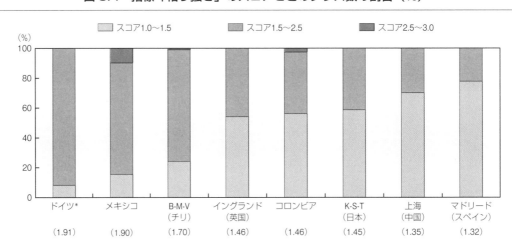

注：グラフ中の国・地域名の下には、指標「粘り強さ」の平均スコアを示す。スコアは、分析者による授業ビデオの数値化データを基にした。スコアの範囲は 1 〜 4 であり、スコア 1 は粘り強さがみられないことを示す。本分析では、粘り強さがみられないことを示すスコア 1 は集計から除外し、スコア 2 〜 4 をスコア 1 〜 3 へ再数値化した。再数値化されたスコアの範囲は 1 〜 3 であり、スコア 1 は教員は生徒が苦戦している際に対処しなかったり、表面的に扱ったことを示し、スコア 3 は教員は生徒が苦戦している際にきめ細かく支援したことを示す。
ドイツ＊は調査対象学校が便宜的標本であることを意味する。
国・地域は指標「粘り強さ」の平均スコアの大きい順に並べている。
出典：OECD, Global Teaching InSights Database.

表す。

　参加国・地域の「粘り強さ」の平均スコアは、ドイツ*（1.91）、メキシコ（1.90）、B-M-V（チリ）（1.70）、イングランド（英国）（1.46）、コロンビア（1.46）、K-S-T（日本）（1.45）、上海（中国）（1.35）、マドリード（スペイン）（1.32）であった（図 3.4，付表 3.3）。ドイツ*の 92％、メキシコの 85％、B-M-V（チリ）の 76％のクラスで教員は、生徒が数学的間違いや苦戦したことに対してある程度または強く支援した（平均スコアが 1.5 以上）。一方、マドリード（スペイン）の 78％、上海（中国）の 70％、K-S-T（日本）の 58％、コロンビアの 56％、イングランド（英国）の 54％のクラスで教員は、生徒が数学的間違いや苦戦したことに対して、対処しなかった、あるいは表面的な励ましによって取り組む努力を促した（平均スコアが 1.0 ～ 1.5 の範囲に位置する）（図 3.4，付表 3.4）。

第3章

参考文献・資料

Barnes, A.（2019）, "Perseverance in mathematical reasoning: the role of children's conative focus in the productive interplay between cognition and affect", *Research in Mathematics Education*, Vol. 21/3, pp. 271-294, http://dx.doi.org/10.1080/14794802.2019.1590229.

Beghetto, R. and J. Baxter（2012）, "Exploring student beliefs and understanding in elementary science and mathematics", *Journal of Research in Science Teaching*, https://doi.org/10.1002/tea.21018.

Jansen, A.（2008）, "An Investigation of Relationships between Seventh-Grade Students' Beliefs and Their Participation during Mathematics Discussions in Two Classrooms", *Mathematical Thinking and Learning*, http://dx.doi.org/10.1080/10986060701820327.

Kapur, M.（2014）, "Productive failure in learning math", *Cognitive Science*, http://dx.doi.org/10.1111/cogs.12107.

Steuer, G., G. Rosentritt-Brunn and M. Dresel（2013）, "Dealing with errors in mathematics classrooms: Structure and relevance of perceived error climate", *Contemporary Educational Psychology*, http://dx.doi.org/10.1016/j.cedpsych.2013.03.002.

Wang, M. and J. Degol（2016）, *School Climate: a Review of the Construct, Measurement, and Impact on Student Outcomes*, http://dx.doi.org/10.1007/s10648-015-9319-1.

第3章

第 3 章の付表

付表 3.1　「社会的・情緒的支援」領域における各構成要素のスコアの統計量

領域	構成要素	国・地域	クラス数	平均スコア	標準偏差	最小スコア	パーセンタイル値					最大スコア
							10%	20%	50%	80%	90%	
社会的・情緒的支援	敬意	B-M-V（チリ）	98	3.34	0.29	2.03	3.05	3.17	3.38	3.58	3.68	3.88
		コロンビア	83	3.44	0.25	2.50	3.17	3.25	3.45	3.63	3.71	3.92
		イングランド（英国）	85	3.56	0.39	2.50	2.93	3.25	3.67	3.90	4.00	4.00
		ドイツ*	50	3.42	0.28	2.65	3.14	3.18	3.41	3.67	3.81	4.00
		K-S-T（日本）	89	3.68	0.24	2.50	3.42	3.50	3.75	3.87	4.00	4.00
		マドリード（スペイン）	85	3.75	0.26	2.50	3.50	3.57	3.83	4.00	4.00	4.00
		メキシコ	103	3.30	0.29	2.48	2.95	3.02	3.31	3.56	3.67	3.83
		上海（中国）	85	3.12	0.17	2.63	3.00	3.00	3.08	3.25	3.33	3.50
	励ましと温かさ	B-M-V（チリ）	98	2.27	0.48	1.25	1.56	1.86	2.25	2.64	3.00	3.42
		コロンビア	83	2.15	0.53	1.08	1.47	1.70	2.19	2.55	2.83	3.31
		イングランド（英国）	85	2.71	0.50	1.42	2.08	2.20	2.75	3.08	3.32	3.75
		ドイツ*	50	2.84	0.51	1.68	2.20	2.33	2.83	3.28	3.46	3.88
		K-S-T（日本）	89	2.84	0.49	1.50	2.17	2.42	2.92	3.28	3.42	3.83
		マドリード（スペイン）	85	2.72	0.55	1.50	2.00	2.17	2.71	3.25	3.40	4.00
		メキシコ	103	2.31	0.53	1.08	1.67	1.93	2.29	2.73	3.05	3.68
		上海（中国）	85	2.13	0.35	1.38	1.67	1.83	2.08	2.42	2.61	2.92
	領域全体の平均	B-M-V（チリ）	98	2.80	0.30	1.97	2.45	2.58	2.81	3.00	3.20	3.52
		コロンビア	83	2.80	0.31	2.16	2.40	2.54	2.79	3.08	3.24	3.53
		イングランド（英国）	85	3.14	0.35	2.31	2.69	2.84	3.14	3.46	3.58	3.83
		ドイツ*	50	3.13	0.32	2.57	2.75	2.83	3.10	3.48	3.57	3.75
		K-S-T（日本）	89	3.26	0.28	2.46	2.88	3.00	3.25	3.50	3.57	3.79
		マドリード（スペイン）	85	3.24	0.33	2.00	2.82	2.97	3.25	3.54	3.61	3.96
		メキシコ	103	2.81	0.31	2.04	2.42	2.55	2.79	3.02	3.16	3.67
		上海（中国）	85	2.62	0.23	2.08	2.33	2.42	2.63	2.79	2.95	3.19

注：ドイツ*は調査対象学校が便宜的標本であることを意味する。
出典：OECD, Global Teaching InSights Database.

付表 3.2　「社会的・情緒的支援」領域における各構成要素のスコアごとのクラス数の割合（%）

領域	構成要素	国・地域	度数（構成要素のスコア）				%（構成要素のスコア）			
			スコア 1.5 未満	スコア 1.5〜 2.5	スコア 2.5〜 3.5	スコア 3.5〜 4.0	スコア 1.5 未満	スコア 1.5〜 2.5	スコア 2.5〜 3.5	スコア 3.5〜 4.0
社会的・情緒的支援	敬意	B-M-V（チリ）	0	1	67	30	0.0	1.0	68.4	30.6
		コロンビア	0	0	48	35	0.0	0.0	57.8	42.2
		イングランド（英国）	0	0	25	60	0.0	0.0	29.4	70.6
		ドイツ*	0	0	31	19	0.0	0.0	62.0	38.0
		K-S-T（日本）	0	0	14	75	0.0	0.0	15.7	84.3
		マドリード（スペイン）	0	0	6	79	0.0	0.0	7.1	92.9
		メキシコ	0	1	68	34	0.0	1.0	66.0	33.0
		上海（中国）	0	0	82	3	0.0	0.0	96.5	3.5
	励ましと温かさ	B-M-V（チリ）	3	70	25	0	3.1	71.4	25.5	0.0
		コロンビア	9	54	20	0	10.8	65.1	24.1	0.0
		イングランド（英国）	1	29	49	6	1.2	34.1	57.6	7.1
		ドイツ*	0	13	32	5	0.0	26.0	64.0	10.0
		K-S-T（日本）	0	19	62	8	0.0	21.3	69.7	9.0
		マドリード（スペイン）	0	29	51	5	0.0	34.1	60.0	5.9
		メキシコ	6	59	36	2	5.8	57.3	35.0	1.9
		上海（中国）	1	68	16	0	1.2	80.0	18.8	0.0
	領域全体の平均	B-M-V（チリ）	0	13	83	2	0.0	13.3	84.7	2.0
		コロンビア	0	13	69	1	0.0	15.7	83.1	1.2
		イングランド（英国）	0	5	69	11	0.0	5.9	81.2	12.9
		ドイツ*	0	0	40	10	0.0	0.0	80.0	20.0
		K-S-T（日本）	0	1	65	23	0.0	1.1	73.0	25.8
		マドリード（スペイン）	0	1	61	23	0.0	1.2	71.8	27.1
		メキシコ	0	15	85	3	0.0	14.6	82.5	2.9
		上海（中国）	0	22	63	0	0.0	25.9	74.1	0.0

注：ドイツ*は調査対象学校が便宜的標本であることを意味する。
出典：OECD, Global Teaching InSights Database.

付表3.3　指標「粘り強さ」のスコアの統計量

領域	指標	国・地域	集計方法[1]	元の数値化(スコア)の範囲[2]	クラス数[3]	平均スコア	標準偏差	最小スコア	パーセンタイル値					最大スコア
									10%	20%	50%	80%	90%	
社会的・情緒的支援	粘り強さ	B-M-V（チリ）	平均（スコア1を除く）	1-4	95	1.70	0.37	1.00	1.18	1.43	1.71	2.00	2.16	3.00
		コロンビア	平均（スコア1を除く）	1-4	73	1.46	0.43	1.00	1.00	1.00	1.40	1.78	2.04	3.00
		イングランド（英国）	平均（スコア1を除く）	1-4	85	1.46	0.20	1.08	1.19	1.31	1.45	1.63	1.71	1.94
		ドイツ*	平均（スコア1を除く）	1-4	50	1.91	0.28	1.25	1.50	1.61	1.93	2.17	2.26	2.40
		K-S-T（日本）	平均（スコア1を除く）	1-4	89	1.45	0.27	1.00	1.12	1.24	1.46	1.63	1.80	2.25
		マドリード（スペイン）	平均（スコア1を除く）	1-4	85	1.32	0.23	0.96	1.03	1.12	1.29	1.50	1.63	2.14
		メキシコ	平均（スコア1を除く）	1-4	91	1.90	0.45	1.00	1.33	1.54	1.93	2.25	2.44	3.00
		上海（中国）	平均（スコア1を除く）	1-4	84	1.35	0.27	1.00	1.00	1.08	1.29	1.59	1.75	2.00

注：1. 指標「粘り強さ」では、分析者によって数値化されたセグメントごとのスコアが1を超えるものを平均化してクラス単位のスコアを算出した。
2. スコアの範囲は1～4であり、スコア1は粘り強さを示す機会そのものがないことを示す。本分析では、スコア1は除外し、スコア2～4をスコア1～3に再数値化し集計に用いた。
3. ここの集計では全てのスコアが1のクラスを分析から除外したため、調査対象とした国・地域のクラス数よりも分析対象のクラス数が少ない場合がある。
ドイツ*は調査対象学校が便宜的標本であることを意味する。
出典：OECD, Global Teaching InSights Database.

付表3.4　指標「粘り強さ」のスコアごとのクラス数の割合（%）

領域	構成要素	国・地域	集計方法[1]	度数（指標のスコア）			%（スコア）		
				スコア1.0～1.5	スコア1.5～2.5	スコア2.5～3.0	スコア1.0～1.5	スコア1.5～2.5	スコア2.5～3.0
社会的・情緒的支援	粘り強さ	B-M-V（チリ）	平均（スコア1を除く）	23	71	1	24.2	74.7	1.1
		コロンビア	平均（スコア1を除く）	41	30	2	56.2	41.1	2.7
		イングランド（英国）	平均（スコア1を除く）	46	39	0	54.1	45.9	0.0
		ドイツ*	平均（スコア1を除く）	4	46	0	8.0	92.0	0.0
		K-S-T（日本）	平均（スコア1を除く）	52	37	0	58.4	41.6	0.0
		マドリード（スペイン）	平均（スコア1を除く）	66	19	0	77.6	22.4	0.0
		メキシコ	平均（スコア1を除く）	14	68	9	15.4	74.7	9.9
		上海（中国）	平均（スコア1を除く）	59	25	0	70.2	29.8	0.0

注：1. 指標「粘り強さ」は、分析者による授業ビデオの数値化データを基に1～4の範囲で数値化され、セグメントごとのスコアが1を超えるものを平均化してクラス単位のスコアを算出した。
ドイツ*は調査対象学校が便宜的標本であることを意味する。
出典：OECD, Global Teaching InSights Database.

付表 3.5　指標「粘り強さ」において粘り強さが授業内で示されたセグメントの割合の統計量

領域	指標	国・地域	集計方法	数値化(スコア)の範囲	クラス数	平均スコア	標準偏差	最小スコア	パーセンタイル値					最大スコア
									10%	20%	50%	80%	90%	
社会的・情緒的支援	粘り強さ	B-M-V（チリ）	割合	1-4	98	29.95	15.67	0.00	11.72	17.83	27.64	41.83	50.00	75.00
		コロンビア	割合	1-4	83	20.82	16.00	0.00	0.00	6.86	17.86	34.08	39.83	68.18
		イングランド（英国）	割合	1-4	85	62.59	15.02	25.00	42.43	50.00	62.50	75.14	79.58	95.83
		ドイツ*	割合	1-4	50	47.24	16.10	8.33	24.82	33.57	46.97	59.27	66.73	87.50
		K-S-T（日本）	割合	1-4	89	50.51	19.28	8.33	24.64	33.33	50.00	66.67	77.17	92.86
		マドリード（スペイン）	割合	1-4	85	58.23	25.33	4.17	24.50	39.50	60.00	81.33	91.33	100.00
		メキシコ	割合	1-4	103	21.91	17.26	0.00	0.00	5.00	19.64	35.00	44.79	66.67
		上海（中国）	割合	1-4	85	30.87	15.74	0.00	10.00	15.00	30.00	45.00	50.00	70.00

注：1. 指標「粘り強さ」は分析者による授業ビデオの数値化データを基に1〜4の範囲で数値化された。本分析では、セグメントごとのスコアが1を超える割合を算出し、数学的な間違いに対して粘り強さを示したセグメントの割合を求めた。
ドイツ*は調査対象学校が便宜的標本であることを意味する。
出典：OECD, Global Teaching InSights Database.

付表 3.6　生徒への学習支援、教員と生徒の関係についての教員への質問紙調査の集計結果

該当設問に「当てはまる」または「非常に良く当てはまる」と回答した教員の割合（%）

	教員の学習支援			教員と生徒の関係				
	追加のサポートが必要な生徒にはそれを与えた	生徒が理解するまで教え続けた	生徒の学習を支援した	私は、生徒とうまくやっていた	生徒が満足しているかについて関心があることを示した	私は、生徒が言うべきことをちゃんと聞いていた	私は、生徒を公平に扱った	私は、生徒のことを本当に気遣っていることを示した
B-M-V（チリ）	99	97	100	100	99	100	100	100
コロンビア	99	95	100	100	100	100	100	100
イングランド（英国）	100	88	100	98	100	98	99	99
ドイツ*	100	88	96	96	92	100	100	94
K-S-T（日本）	78	79	100	91	73	99	99	70
マドリード（スペイン）	95	91	100	100	100	100	100	100
メキシコ	99	93	100	100	100	99	100	98
上海（中国）	100	89	100	100	100	100	99	99

注：回答の選択肢：まったく当てはまらない – 当てはまらない – 当てはまる – 非常に良く当てはまる。
ドイツ*は調査対象学校が便宜的標本であることを意味する。
出典：OECD, Global Teaching InSights Database.

第 **4** 章

教科指導

調査結果のポイント

　質の高い教科指導は、生徒の数学に関する理解を深め、興味・関心の育成に寄与する。本章では、教科指導の質に関して、授業ビデオ、授業資料（指導案、視聴覚教材、プリント、宿題等を含む）、教員質問紙、生徒質問紙の分析結果を基に報告する。GTI では「教科指導」領域は 4 つの領域（「対話（談話）」、「教科内容の質」、「生徒の認知的取り組み」、「生徒の理解に対する評価と対応」）で構成されている。主要な結果は以下であった。

第4章

- 教科指導の質は全般的に低かったが、参加国・地域ごとにその特徴は様々であった。「対話（談話）」領域と「生徒の理解に対する評価と対応」領域全体のスコアは、「教科内容の質」領域と「生徒の認知的取り組み」領域よりも高かった。
- 生徒は、二次方程式の学習の際、主に方程式を利用し、グラフまたは図を時々利用して学習したが、数学的に異なる表現または側面を関連付けて学習する様子はほとんど見られなかった。同様に、生徒が学習内容を現実世界の状況に関連付ける機会、あるいは数学的なパターンや一般化を追究する機会は限られていた。
- 反復練習の機会は頻繁に観察された。一方、分析、創造、評価等の認知面で要求が高い課題に、生徒が「頻繁に」または「時々」取り組むクラスの割合は、K-S-T（日本）が最も高く（53%）、続いてドイツ*（12%）、メキシコ（9%）、イングランド（英国）（8%）であった。
- テクノロジーの利用はコミュニケーションを目的としたものがほとんどであった。
- 教員は生徒の考えに対して定期的に評価と対応を行った。教員は、問題の答えに関する生徒の考えや、問題を解くための手続きや手順に関する生徒の考えを中程度引き出した。なぜ生徒の考えが正しいかまたは正しくないかの理由を生徒にフィードバックする際、詳細な数学の内容を扱っていた教員の割合は、ドイツ*が最も高く（18%）、マドリード（スペイン）（16%）、イングランド（英国）（8%）、K-S-T（日本）（8%）であった。
- 教員と生徒の対話（談話）の質は一様でなかった。教員は生徒に、思い出すこと、答えを言うこと、要約すること、手順・公式を適用することを求めることを定期的に行っていた。ほとんどの授業で、生徒が授業の対話（談話）によく参加したのは「時々」だった。同様に、教員または生徒が数学に関する説明を行う際、その説明は概して簡単なもので表面的であった。詳細で深い説明が観察された授業は、上海（中国）（56%）、K-S-T（日本）（55%）、イングランド（英国）（24%）であった。

4.1 | 教科指導の質

　GTIでは、質の高い授業の実践に向けて、6つの指導実践の領域とそれらを構成する構成要素および指標を開発した。「教科指導」領域は、表1.5に示す4つの領域（「対話（談話）」、「教科内容の質」、「生徒の認知的取り組み」、「生徒の理解に対する評価と対応」）と各領域の複数の構成要素と指標で構成されている。

　構成要素については、「対話（談話）」領域では「対話（談話）の性質」、「問いかけ」、「説明」の3つである。また、「教科内容の質」領域では、その構成要素は「はっきりとしたつながり」、「はっきりとした規則性（パターン）、一般化」の2つ、「生徒の認知的取り組み」領域では、その構成要素は「認知面での要求が高い教科内容への取り組み」、「推論する際の多様な方法と見方」、「教科内容の手続きと手順の理解」の3つ、「生徒の理解に対する評価と対応」領域では、その構成要素は「生徒の考えを引き出す指導」、「教員からのフィードバック」、「生徒の理解に合わせた指導」の3つである。各構成要素は、分析者によって1〜4の範囲で数値化された。

　参加国・地域の「教科指導」領域の平均スコアはK-S-T（日本）（2.24）、イングランド（英国）（2.23）、ドイツ*（2.20）、上海（中国）（2.15）、マドリード（スペイン）（1.96）、メキシコ（1.92）、B-M-V（チリ）（1.85）、コロンビア（1.74）であった（付表4.1）。これらは、いずれの参加国・地域においても、「授業運営」領域（3.49〜3.81）および「社会的・情緒的支援」領域（2.62〜3.26）よりも低いスコア分布であった（図4.1）。B-M-V（チリ）、イングランド（英国）、ドイツ*、マドリード（スペイン）、上海（中国）では、多くのクラスが一部のスコア帯に集中しており、教室間での教科指導の質は差が小さいことが示唆された。一方で、コロンビア、K-S-T（日本）、メキシコでは、スコアが比較的広い範囲に分布しており、教科指導の質はクラスによって比較的差があることが示唆された（図4.1）。

　「対話（談話）」、「教科内容の質」、「生徒の認知的取り組み」、「生徒の理解に対する評価と対応」の各領域全体の平均スコアの分布を図4.2に示した。「教科内容の質」（1.36〜1.97）と「生徒の認知的取り組み」（1.48〜2.07）は、全ての国・地域においてスコアが最も低かった。「対話（談話）」（1.85〜2.54）と「生徒の理解に対する評価と対応」（2.11〜2.70）は4つの領域の中で中央に位置する分布であるといえるが、その平均スコアは「授業運営」領域よりも低く、「社会的・情緒的支援」領域も下まわった。いずれも、図4.2の参加国・地域の密度曲線の形状は様々で統一的な分布が見られないことは、参加国・地域における教科指導に大きな差があることを示唆した。

第4章

図 4.1 ［1/2］ 「教科指導」領域の平均スコアの分布

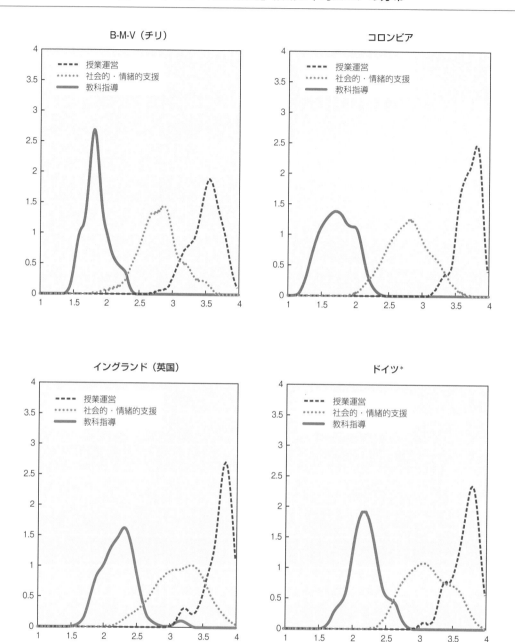

注：教科指導領域の各クラスのスコアは、「対話 (談話)」、「教科内容の質」、「生徒の認知的取り組み」、「生徒の理解に対する評価と対応」の 4 つの領域の平均である。グラフは、スコア 0.02 を階級幅として平滑化した教科指導領域ごとの平均スコアの密度曲線である（参考のため、授業運営領域、社会的・情緒的支援領域の分布も破線・点線で示している）。横軸は各領域の平均スコアを、縦軸は分布の密度を示している。曲線の先端がよりとがっているほど、平均スコアがあるスコアに集中していることを示す。ほとんどの国・地域でみられる密度 0 の直線は、平均スコアが 1 または 2 の授業が一つもなかったことを示す。密度曲線はスコアの分布の概形を示すものである。
上海（中国）の授業運営領域の密度曲線は y=4.0 でまでで省略された表示となっており、平均スコアが 3.74、密度 5.94 でピークに達している。
ドイツ*は調査対象学校が便宜的標本であることを意味する。
国・地域はアルファベット順に並べている。
出典：OECD, Global Teaching InSights Database.

図 4.1 [2/2] 「教科指導」領域の平均スコアの分布

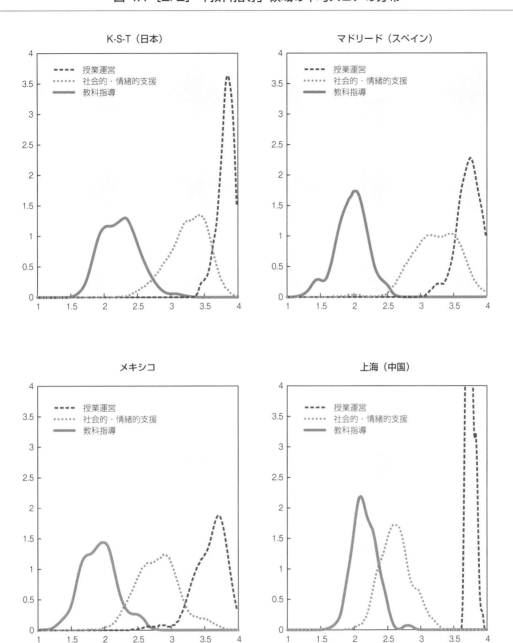

注：教科指導領域の各クラスのスコアは、「対話（談話）」、「教科内容の質」、「生徒の認知的取り組み」、「生徒の理解に対する評価と対応」の
4つの領域の平均である。グラフは、スコア 0.02 を階級幅として平滑化した教科指導領域ごとの平均スコアの密度曲線である（参考のため、
授業運営領域、社会的・情緒的支援領域の分布も破線・点線で示している）。横軸は各領域の平均スコアを、縦軸は分布の密度を示している。
曲線の先端がよりとがっているほど、平均スコアがあるスコアに集中していることを示す。ほとんどの国・地域でみられる密度 0 の直線は、
平均スコアが 1 または 2 の授業が一つもなかったことを示す。密度曲線はスコアの分布の概形を示すものである。
上海（中国）の授業運営領域の密度曲線は y=4.0 までで省略された表示となっており、平均スコアが 3.74、密度 5.94 でピークに達してい
る。
ドイツ*は調査対象学校が便宜的標本であることを意味する。
国・地域はアルファベット順に並べている。
出典：OECD, Global Teaching InSights Database.

図4.2［1/2］　「対話（談話）」、「教科内容の質」、「生徒の認知的取り組み」、「生徒の理解に対する評価と対応」領域の平均スコアの分布

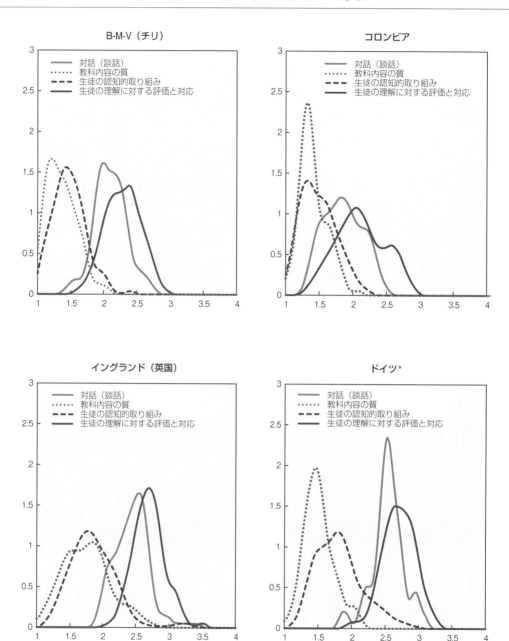

注：教科指導領域に属する各領域は、それぞれ2〜3つの構成要素の平均スコアである。曲線の先端がよりとがっているほど、平均スコアがあるスコアに集中していることを示している。グラフは、スコア0.02を階級幅として平滑化した領域ごとの平均スコアの密度曲線である。横軸は各領域の平均スコアを、縦軸は分布の密度を示している。
ドイツ＊は調査対象学校が便宜的標本であることを意味する。
国・地域はアルファベット順に並べている。
出典：OECD, Global Teaching InSights Database

図 4.2 ［2/2］　「対話（談話）」、「教科内容の質」、「生徒の認知的取り組み」、「生徒の理解に対する評価と対応」領域の平均スコアの分布

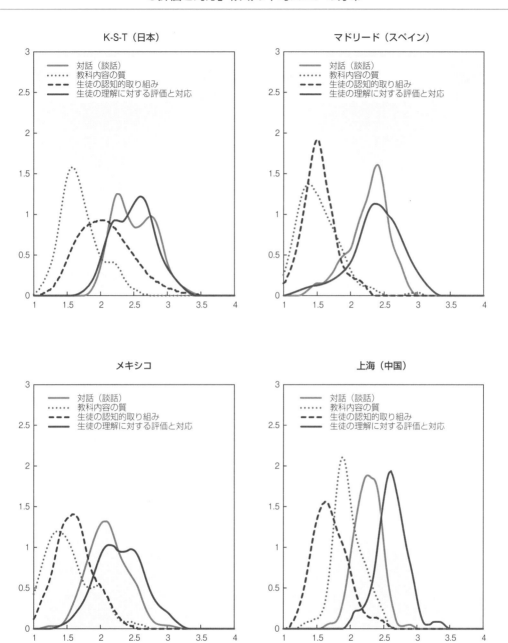

注：教科指導領域に属する各領域は、それぞれ2～3つの構成要素の平均スコアである。曲線の先端がよりとがっているほど、平均スコアがあるスコアに集中していることを示している。グラフは、スコア0.02を階級幅として平滑化した領域ごとの平均スコアの密度曲線である。横軸は各領域の平均スコアを、縦軸は分布の密度を示している。
ドイツ*は調査対象学校が便宜的標本であることを意味する。
国・地域はアルファベット順に並べている。
出典：OECD, Global Teaching InSights Database

4.2 | 教科内容の質

　二次方程式の学習の質は、扱う数学自体の質に関係する。数学の学習の際、各単元の知識、定理、手続き、解決の過程のつながりを意識せずに指導した場合、生徒は問題を解くために単に問題を解く方法だけを覚えるか、どのようなときにその手続きや解決の過程が使えるかあるいは使えないかを覚えるだけになるだろう。このような数学では、ほとんどの生徒は規則性（パターン）を見つけたり、単元内や単元をまたいだ数学に関するつながりを見つけたりする機会を得られない。それゆえ、質の高い教科指導を行うためには、明確な学習目標に基づき、数学的問題をどうやって解決するか、そして数学的にどのように考えるかについて、体系的に学ぶような数学学習の機会を生徒に提供することが重要である。

　教科内容の質は、参加国・地域それぞれのカリキュラムにおいて、二次方程式の学習がどのような内容と体系によって扱われているかに深く関わる。参加国・地域の教育政策によっては、提供されたカリキュラムを具現化し授業を豊かなものにするためのいくらかの裁量が、教員に与えられている。

　「教科内容の質」領域では、「はっきりとしたつながり」と「はっきりとした規則性（パターン）、一般化」の2つの構成要素について、その頻度や程度を基に1〜4の範囲で数値化した。「教科内容の質」の平均スコアは、上海（中国）（1.97）、イングランド（英国）（1.76）、K-S-T（日本）（1.70）、マドリード（スペイン）（1.53）、メキシコ（1.53）、ドイツ*（1.51）、コロンビア（1.41）、B-M-V（チリ）（1.36）であった（付表4.1）。

4.2.1 学習目標と活動

　日々の授業において、教員があらかじめ具体的で明確な学習目標を設定することは重要である。指標「はっきりとした学習目標」では、授業中に教員が生徒に対して、活動または学習目標を明確に示したかどうかを基に1〜3の範囲で数値化した。GTIでは、生徒に対して学習目標（授業で学ぶことが期待されているゴール）を示すことと学習活動を示すこととを明確に区別している。スコア3は、例えば「今日は因数分解を使った二次方程式の解法を学びます」といった、本時に関する具体的で明確な学習目標が示されたことを表す。スコア2は、「今日は昨日の課題について二人組で取り組みましょう」というような本時の活動が示されるか、「今日は引き続き二次方程式の学習をしていきます」というような、生徒が具体的に何を学ぶかが明確ではない場合を表す。その結果、B-M-V（チリ）、K-S-T（日本）、上海（中国）は全てのクラスで、他の参加国・地域では90%を超えるクラスで、学習活動または学習目標がはっきり示された。一方、明確な学習目標が示されたかどうかは参加国・地域によって大きく異なっていた。上海（中国）とB-M-V（チリ）では、4分の3を超えるクラスで明確な学習目標が示されたのに対し、コロンビア、K-S-T（日本）、マドリード（スペイン）では4分の1未満であった。K-S-T（日本）では、明確な学習目標が生徒に示されたのは19%のクラスで、授業中のいずれかのセグメントで観察された。残る81%のクラスでは、生徒に明確な学習活動が示されている（図4.3, 付表4.4）。

図4.3　指標「はっきりとした学習目標」のスコアごとのクラス数の割合（%）

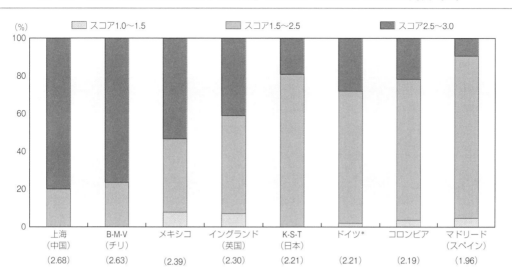

注：グラフ中の国・地域名の下には、指標「はっきりとした学習目標」の平均スコアを示す。スコアは、分析者による授業ビデオの数値化データを基にした。スコアの範囲は1〜3であり、スコア1ははっきりとした学習目標なし、スコア3ははっきりとした学習目標ありを示す。ドイツ*は調査対象学校が便宜的標本であることを意味する。
国・地域は、指標「はっきりとした学習目標」のスコアが大きい順に並べている。
出典：OECD, Global Teaching InSights Database.

　授業資料（指導案、視聴覚教材、プリント、宿題等を含む）についてもほぼ同様の基準で、明確な学習目標が示されたかどうかを調べた。K-S-T（日本）の大多数のクラスでは、授業資料が回収された2回の授業のうち少なくとも1回で、明確な学習目標に該当する記述が確認された（付表4.5）。

4.2.2　数学的側面間のつながり

　生徒が数学の様々な側面間に明確で具体的な関係性を見いだすことは、数学をより深く理解する上で非常に重要である。例えば、図で表現された数学的事象を式に表現したり、式を見て図と対応付けたりする場面は、生徒が2つの表現を関係付けることにあたる。また、生徒が二次方程式 $ax^2 + bx + c = 0$ の a、b、c の値により最も有効な解法（例：因数分解、平方完成）を見いだす場面は、生徒が式と解法とを関係付けることにあたる。GTIでは、数学上の表現と表現の関係付けや、数学的規則と式との関係付けといった、生徒の考え、手続き、見方、数学的表現、式等の数学的側面の間のつながりに着目している。

　構成要素「はっきりとしたつながり」では、授業で観察された頻度と程度を基に1〜4の範囲で数値化した。スコア1は、考え、手続き、見方、表現、式の間に、指導上でつながりがないことを表し、スコア4は、考え、手続き、見方、表現、式の間に、指導上でつながりが少なくとも2つ以上あることを表す。その結果、K-S-T（日本）の平均スコアは1.91であった（イングランド（英国）（1.93）、ドイツ*（1.77）、メキシコ（1.76）、マドリード（スペイン）（1.72）、コロンビア（1.57）、B-M-V（チリ）（1.54）、上海（中国）（1.52））（付表4.6）。参加国・地域の平均スコアは1.5〜2.0の範囲にあり、これは平均的に見ると、どの参加国・地域でも数学の側面間のつながりを示

第4章

す場面がない、または、曖昧なつながりが 1 つあることを意味する（図 4.4）。

　K-S-T（日本）の結果については、「はっきりとしたつながり」の平均スコアが 1.0 〜 1.5 の範囲にあるクラスの割合が参加国・地域のうち最も低い 8% であった（付表 4.7）。また平均スコアが 1.5 〜 2.5 の範囲にあるクラスの割合は 87% であった。平均スコアが 2.5 〜 4.0 の範囲にある、つまり、考え、手続き、見方、表現、式の間に指導上でのつながりが少なくとも 2 つ明示されたクラスは 6% であった（メキシコ（14%）、イングランド（英国）（13%）、ドイツ*（6%）、マドリード（スペイン）（6%））。その一方で、指標「表現の種類」では、複数の数学的表現が頻繁に観察され、関係付けを示すことができる機会そのものは多くあったことが注目できる結果であったといえる。

図 4.4　構成要素「はっきりとしたつながり」のスコアごとのクラス数の割合（%）

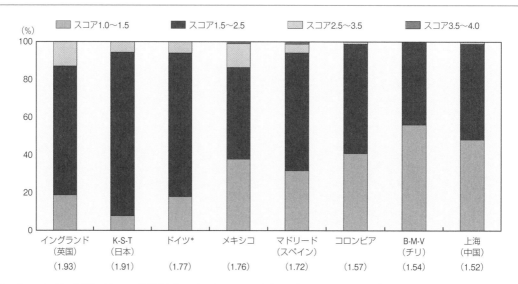

注：グラフ中の国・地域名の下には、構成要素「はっきりとしたつながり」の平均スコアを示す。スコアは、分析者による授業ビデオの数値化データを基にした。スコアの範囲は 1 から 4 であり、スコア 1 は考え、手続き、見方、表現、式の間に、指導上でのつながりがないこと、スコア 4 はつながりが少なくとも二つ以上あることを示す。
ドイツ*は調査対象学校が便宜的標本であることを意味する。
国・地域は、構成要素「はっきりとしたつながり」のスコアが大きい順に並べている。
出典：OECD,Global Teaching InSights Database.

　なお、指標「表現の種類」で、8 分間のセグメントごとに使われた数学上の表現の種類を観察したところ、どの参加国・地域も平均すると 88% を超えるセグメントで式が使われていた。K-S-T（日本）の場合は式に次いで図表現が多く、観察したセグメントのうち 38% で使われていた。一方、二次関数の単元の中で二次方程式を学習しているドイツ*やイングランド（英国）では、それぞれセグメントの 34%、22% でグラフが使われていた（付表 4.8）。

4.2.3　現実世界とのつながり

　数学の学習内容と現実世界の事象とを、生徒が関係付けることは、概念的理解の強化に役立つゆえに重要である（Blum (2002); De Lange (1996); Gravemeijer 他 (2000); Perry, Dockett (2015); Boaler (2000)）。日常場面の問題に対して数学を活用する能力は、数学的リテラシーと数学的熟達

に欠かせない（CCSSI (2010); NCTM (2000); OECD (2019)）。二次方程式は、例えば、最大の利益を求めたり、部屋や田畑の面積を求めたり、発射されたボール等の投射物の運動をモデル化したり、ある速度で走る車の停止距離を見いだすために用いることができる。しかし、二次関数を用いた現実世界のつながりは数多くあるものの、二次方程式を用いた現実世界のつながりは比較的少ない。方程式と関数を統合させて学習させている参加国・地域でも、現実世界との関係付けが扱われた授業はほとんど観察されなかった。

第4章

　指標「現実世界とのつながり」では、学習している内容が現実世界の事象と関係付けられているかに着目し、その程度や頻度を基に1〜3の範囲で数値化した。スコア1は、学習中の数学の内容と、実生活の問題や生徒の生活の中での経験の間のつながりが弱い、またはないことを表し、スコア3は、ある程度のつながりが2つ以上あるか、強いつながりが最低1つあることを表す。例えばスコア3は、二次方程式の解が求められた後に現実場面の問題の文脈から解を吟味する際に、生徒または教員が関係付けを詳細に説明した場合などが挙げられる。その結果、K-S-T（日本）の平均スコアは1.16であった（ドイツ*（1.27）、メキシコ（1.25）、コロンビア（1.12）、B-M-V（チリ）（1.09）、上海（中国）（1.09）、マドリード（スペイン）（1.06）、イングランド（英国）（1.04））（付表4.3）。

　現実世界とのつながりについて、授業ビデオの分析では、その程度と観察された頻度によって数値化したのに対し、授業資料の分析では、扱われる日常場面や現実世界の事象の数学化について、その主体が生徒にあったかどうかという観点で数値化した。スコア1は、エビデンスがないことを表し、スコア2は、現実世界の文脈はあるがその文脈は活動のためには不必要である場合や、数学と現実世界の文脈を関係付けた式（モデル）が生徒に与えられたエビデンスがあるか、それが計画されていたエビデンスがあったことを表す。スコア3は、生徒が数学を現実世界の文脈に関係付けたり、応用する方法を見つけ出したり、数学的モデルの開発をするよう求められたエビデンスがあるか、それが計画されたエビデンスがあったことを表す。例えば、K-S-T（日本）の数学の教科書にある課題では、花壇の絵が示され、その花壇の面積と通路の幅の長さの関係を式に表したり、表した式について説明させたりするものがある。これは、生徒がモデルを作る、あるいは作ったモデルについて説明するという意味で、スコア3の基準に該当する。

　授業資料の「現実世界とのつながり」の平均スコアは参加国・地域による差異が見られた。概して、メキシコ（1.92）、K-S-T（日本）（1.91）、ドイツ*（1.73）、B-M-V（チリ）（1.51）では、授業資料の中で現実世界との関係付けが明確に示されたか、現実世界の問題場面が授業中の活動に必要でなかった可能性を示す傾向が見られた（付表4.9）。一方で、イングランド（英国）（1.31）、上海（中国）（1.36）、コロンビア（1.45）、マドリード（スペイン）（1.45）では、平均的に、授業資料に数学と現実世界が関係付けられたエビデンスがほとんど見られなかった。ただし全ての参加国・地域において、教員の大半が、撮影した2回の授業のうち少なくとも1回の授業の中で、数学と現実世界の関係付けを何らかの形で含む授業資料を用いていた（付表4.10）。また、K-S-T（日本）、ドイツ*、マドリード（スペイン）、メキシコの大多数のクラスの生徒は、少なくとも1回の授業の中で、数学を現実世界の状況に関係付けたり、適用する方法を見つけ出したり、状況にふさわしい数理モデルを作ったり、あるいはその状況の情報を用いて数学的関係を説明することが求められた。

4.2.4　規則性（パターン）と一般化

　生徒が数学の規則性（パターン）に気づいたり一般化したりすることもまた、数学をより深く理解する上で非常に重要なことである。学習の方法としては例えば、複数の問題について生徒にそれぞれの解き方（例えば、平方完成、解の公式、因数分解）を発表させた後で、では因数分解で解ける二次方程式と解けない二次方程式があるのはなぜかと問うことで、生徒に考えさせるきっかけができる。GTI では、教員または生徒が、このように少なくとも 2 つ以上の例を扱って数学の規則性を見いだしたり一般化したりする場面に焦点を当てて観察した。なお、2 つ以上の例が扱われていれば、例えば二次方程式を定義する場面でも、一般化した場面のエビデンスとして一律に扱われるため、いわゆる数学的事象の一般化だけが観察対象ということではない。

図 4.5　構成要素「はっきりとした規則性（パターン）、一般化」のスコアごとのクラス数の割合（%）

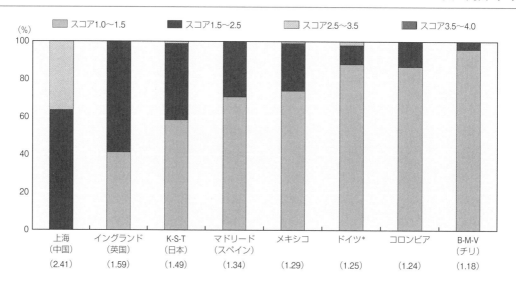

注：グラフ中の国・地域名の下には、構成要素「はっきりとした規則性（パターン）、一般化」の平均スコアを示す。スコアは、分析者による授業ビデオの数値化データを基にした。スコアの範囲は 1 から 4 であり、スコア 1 は生徒に規則性を見いだす、または一般化することを求めないこと、スコア 4 は生徒または教員が、深い数学的な規則性を見いだす、または深い数学についてはっきりした一般化を行うのを求めることを示す。
ドイツ＊は調査対象学校が便宜的標本であることを意味する。
国・地域は、構成要素「はっきりとした規則性（パターン）、一般化」のスコアが大きい順に並べている。
出典：OECD, Global Teaching InSights Database.

　構成要素「はっきりとした規則性（パターン）、一般化」では、誰が規則性に気付くか、規則性の存在、規則性の質、はっきりとした一般化の存在および一般化の質についてのエビデンスを観察し、それらのエビデンスの程度を基に 1 ～ 4 の範囲で数値化した。スコア 1 は、教員も生徒も、数学の学習活動において規則性を見いださない、または学習活動からの一般化がない場合を表し、スコア 4 は、教員か生徒のどちらかが、数学の深い側面に関する規則性を見いだしたりはっきりと正しく一般化したりしたことを表す。その結果、K-S-T（日本）の平均スコアは 1.49 であった（上海（中国）（2.41）、イングランド（英国）（1.59）、マドリード（スペイン）（1.34）、メキシコ（1.29）、ドイツ＊（1.25）、コロンビア（1.24）、B-M-V（チリ）（1.18））（付表 4.6）。スコア 4 の基準に該当する、数学の理解を強固なものにするような、規則性を見いだしたり一般化したりといったエビデン

スは、どの参加国・地域でも見られなかった。K-S-T（日本）では、平均スコアが1.0～1.5の範囲に、58%のクラスがあり、平均スコアが1.5～2.5の範囲に、40%のクラスが位置した。B-M-V（チリ）、ドイツ*、コロンビア、メキシコ、マドリード（スペイン）では、平均スコアが1.0～1.5の範囲に、大半のクラスがあった。上海（中国）では、平均スコアが1.0～1.5の範囲に位置するクラスはなく、教員または生徒が二次方程式の学習に表面的ではあるものの何らかの規則性を見いだしたり、数学用語や記号の体系や計算方法に重点を置いた一般化を行ったりしていた（図4.5，付表4.7）。

4.3 ￨ 生徒の認知的取り組み

　生徒が認知的に深く学習に取り組むことの重要性は多くの研究者により指摘されてきた。それにより学習内容への関心が高まったり、学習の成果が向上したりすることが報告されている（Fauth他（2014）; Baumert他（2010）; Lipowsky他（2009））。GTIでは、授業中の生徒の認知的取り組みを捉えるために、生徒が取り組んでいる学習内容の数学的性質と、それに対する生徒の反応という2つの側面に着目した。

　「生徒の認知的取り組み」領域では、3つの構成要素「認知面での要求が高い教科内容への取り組み」、「推論する際の多様な方法と見方」、「教科内容に関わる手続きと解決の過程の理解」について、その頻度や程度を基に1～4の範囲で数値化した。「生徒の認知的取り組み」領域全体の平均スコアは、K-S-T（日本）（2.07）、イングランド（英国）（1.86）、ドイツ*（1.81）、上海（中国）（1.71）、メキシコ（1.61）、マドリード（スペイン）（1.53）、コロンビア（1.49）、B-M-V（チリ）（1.48）であった（付表4.1）。概してどの参加国・地域でも、生徒に対する認知的要求の頻度や程度は低い傾向であった。

4.3.1　認知面での要求が高い教科内容への取り組み

　生徒に認知面での要求が高い課題を与えることは、深い学習に取り組む機会を提供する1つの方法である。二次方程式の単元は、生徒の認知的取り組みをそれほど必要としない方法で教えることもできてしまう。GTIでは、認知面での要求が高い教科内容を、「生徒を分析、創造または評価に取り組ませ、認知的に豊かで、考え抜く力が要求される学習活動」と位置付けており、例えば、図4.6に示すような課題は、認知面での要求が低い課題であるとした。

　構成要素「認知面での要求が高い教科内容への取り組み」では、認知的に豊かで考え抜くことを求められる分析、創造、評価活動に生徒が取り組んでいるかについて、その頻度を基に1～4の範囲で数値化した。スコア1は、生徒は認知的に豊かで考え抜くことを求められる、分析、創造、評価活動に取り組んでいないか、1～2人の生徒しか取り組んでいるエビデンスがないことを表し、スコア4は、生徒は頻繁に、認知的に豊かで考え抜くことを求められる、分析、創造、評価活動に取り組むことを表す。その結果、K-S-T（日本）の平均スコアは2.52であった（イングランド（英国）（1.96）、ドイツ*（1.93）、メキシコ（1.83）、マドリード（スペイン）（1.63）、上海（中国）（1.63）、コロンビア（1.50）、B-M-V（チリ）（1.36））（図4.7，付表4.6）。K-S-T（日本）では、認知

図4.6　パイロット調査から得られた認知面での要求が低い課題の例

まず、因数分解で方程式を
解いてみてください。
できなければ、解の公式を使って
解いてみてください。

$54.4y^2-12y=-1$
$57.9y^2=-30y-23$

下の式で x と y は実数であると
します。

$(x^2+y^2)(x^2+y^2+1)=20$

x^2+y^2の値を求めなさい。

出典：OECD,Global Teaching InSights Database.

図4.7　構成要素「認知面での要求が高い教科内容への取り組み」のスコアごとのクラス数の割合（%）

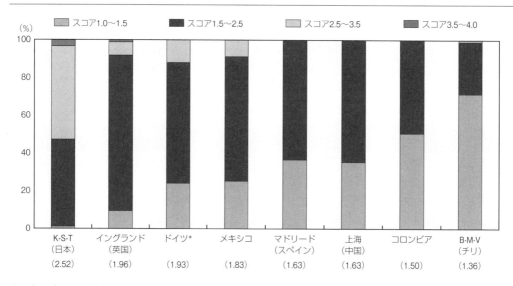

注：グラフ中の国・地域名の下には、構成要素「認知面での要求が高い教科内容への取り組み」の平均スコアを示す。スコアは、分析者による授業ビデオの数値化データを基にした。スコア1は概して低い認知的要求、スコア4は高い認知的要求を示す。
ドイツ*は調査対象学校が便宜的標本であることを意味する。
国・地域は、構成要素「認知的に高度な教科内容における取り組み」の平均スコアが大きい順に並べている。
出典：OECD, Global Teaching InSights Database.

面での要求の高い教科内容へ取り組む頻度が他の参加国・地域と比べ比較的多く、クラスによってその程度や頻度は異なった。K-S-T（日本）の53%のクラスでは、生徒が認知的に豊かで考え抜くことを求められる、分析、創造、評価活動に取り組む学習のエビデンスが、「時々」または「頻繁に」観察された（ドイツ*（12%）、メキシコ（9%）、イングランド（英国）（8%））。一方、K-S-T（日本）の46%のクラスでは、このような学習のエビデンスが観察されたのが「まれ」であった（スコア1.5～2.5の割合）（図4.7，付表4.7）。

4.3.2　教科内容に関わる手続きと解決の過程の理解

　生徒の認知的取り組みを支援する学習方法としては、数学的な手続きと解決の過程が理にかなっていることを生徒が理解できるようにすることも1つの方法として挙げられる。構成要素「教科内容に関わる手続きと解決の過程の理解」では、生徒が教科内容に関わる手続きと解決の過程の意味

を理解することに取り組むかどうかについて、その頻度を基に1～4の範囲で数値化した。スコア1は、生徒は、手続きや解決の過程に取り組まないか、手続きと解決の過程の意味に注意を払っているというエビデンスがないことを表し、スコア4は、生徒が手続きと解決の過程に取り組む際、頻繁に、手続きと解決の過程の意味に注意を払うことを表す。ここでエビデンスの例は、生徒が、手続きと手続きの目的や特性を述べる、手続きや解がなぜそうなのかを述べる、解決の過程や手続きの中の要素や各段階を視覚的に述べることである。その結果、K-S-T（日本）の平均スコアは2.22であった（イングランド（英国）（2.18）、ドイツ*（2.03）、上海（中国）（1.95）、B-M-V（チリ）（1.87）、メキシコ（1.81）、コロンビア（1.76）、マドリード（スペイン）（1.69））（付表4.6）。K-S-T（日本）では、29%のクラスの平均スコアは2.5～3.5の範囲に位置し、生徒が授業の中で数学的な手続きや解決の過程の意味を理解したことを示す記述や発話によるエビデンスが、「まれに」または「時々」見られたことを示す（付表4.7）。

4.3.3　反復練習の機会

　さらに生徒は、数学の手続きや解決の過程の意味を理解した上で、習得した数学的な見方や考え方を新しい課題に適用させる力や、目的に応じて数学的な手順に従って処理する力も求められる。GTIでは、後者の、生徒の数学的な手順に従って処理する力を育てる機会として、教員から同じ種類の問題が2問以上示され、それらの問題について生徒が特定の手続きや解決の過程に繰り返し取り組む機会に焦点を当てた。指標「反復練習の機会」において、それらが観察された時間を基に1～3の範囲で数値化した。ここではセグメントと呼ぶ8分間隔で、1つの授業を6つに区切った単位で分析している。スコア3は、8分間のセグメントのうち4分以上が反復練習に費やされたこと、スコア2は、「4分未満」の場合、スコア1は「全く観察されなかった場合」を表す。各授業において、撮影したビデオのセグメントごとのスコアが最も高いものを代表スコアとしたところ、参加国・地域の代表スコアの平均は2.0～3.0の範囲に位置し、これは1回の授業あたり少なくとも4分間が反復練習のために費やされたことを意味した（図4.8, 付表4.11）。K-S-T（日本）では、反復練習に4分～8分の時間を使ったセグメントが1つ以上みられた授業は83%であった（平均スコアが1.5以上）。一方、イングランド（英国）では観察された99%の授業で、上海（中国）では85%の授業で、それぞれ1回の授業時間内で反復練習に少なくとも4分～8分間の時間が費やされており（平均スコアが2.5～3.0）、コロンビア以外の他の参加国・地域ではK-S-T（日本）よりも反復練習の機会が多く見られた（図4.8, 付表4.12）。また、授業資料の分析では、生徒が同じ数学的な技能または手続きを反復練習するために教員より示された問題の数を数え、1～3の範囲で数値化した。その結果、全ての参加国・地域の平均スコアは2.0以上であり、これは少なくとも1問で生徒への反復練習の機会が提示されたか、またはそれが計画されたことを示した（付表4.13）。特に、B-M-V（チリ）、イングランド（英国）、ドイツ*、マドリード（スペイン）、上海（中国）では、大多数の教員が、6問以上の反復練習のための問題を提示したか、それを計画したエビデンスがあった。

図4.8　指標「反復練習の機会」のスコアごとのクラス数の割合（%）

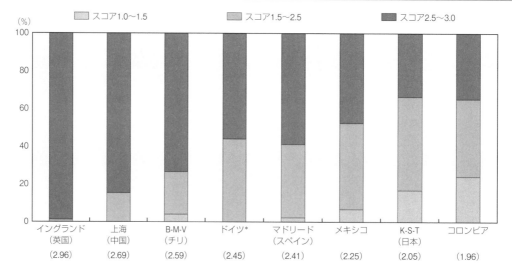

注：グラフ中の国・地域名の下には、指標「反復練習の機会」の平均スコアを示す。スコアは、分析者による授業ビデオの数値化データを基にした。スコアの範囲は１～３であり、スコア１は練習に使われた時間がない、スコア２は練習に使われた時間が４分未満であることを示す。この指標では、セグメントごとに数値化したスコアのうち最も高いスコアを代表値として授業の平均スコアを算出した。
ドイツ＊は調査対象学校が便宜的標本であることを意味する。
国・地域は、指標「反復練習の機会」のスコアが大きい順に並べている。
出典：OECD, Global Teaching InSights Database.

4.3.4　複数の手続きの利用

　生徒の認知的取り組みを支援する学習方法として、その他には、１つの問題を解くために２つ以上の方法で解いてみるよう促すことも挙げられる。GTIでは、教員が生徒に１つの問題について異なる方法を使わせる、あるいは教員が複数の生徒のグループに１種類の二次方程式を異なる方法を用いて解かせるという状況に着目している。いずれも方程式を解く方法が複数あれば、判断材料とした。構成要素「推論する際の多様な方法と見方」では、１回の授業を16分間で区切ったセグメントごとに、問題等を解くために教室全体で用いられた手続きや推論の手法について、その頻度と程度を基に１～４の範囲で数値化した。スコア１は、手続きや推論の手法が１つだけ用いられたか、複数用いられたエビデンスがないことを表し、スコア４は、教室全体で手続きや推論の手法が２つ用いられたか、少なくとも１人の生徒が３つ以上の手続きや推論の手法をある程度の深さで用いたエビデンスがあったことを表す。その結果、K-S-T（日本）の平均スコアは1.48であった（上海（中国）（1.54）、ドイツ＊（1.48）、イングランド（英国）（1.46）、マドリード（スペイン）（1.27）、メキシコ（1.21）、B-M-V（チリ）（1.20）、コロンビア（1.19））。参加国・地域の平均スコアは1.2～1.5の範囲にあり、全体的に、生徒が複数の手続きや推論の手法を用いたエビデンスは二次方程式の授業ではほとんど見られなかった（付表4.6, 付表4.7）。

4.3.5　ディスカッション、メタ認知、自己評価

　生徒の認知的取り組みを支援する指導のあり方については、長年多くの研究と提言がなされてきた。GTIでは、よく知られた教授方略であるディスカッション、メタ認知、自己評価の３つについて、実際に教室で用いられているかどうかを観察した。GTIにおいて、ディスカッションとは、

生徒の発言が大半を占めるような、教員と多数の生徒の間での広がりのある学習目標に向かった会話を指す。教員が、学習目標に向かうようにディスカッションを導くが、ディスカッションの大部分は生徒の考えに基づくものであり、生徒間のやりとりで特徴づけられるとし、このような機会が教室全体であったかどうかを観察した。しかし、どの参加国・地域でも、指標「ディスカッションの機会」により観察された結果では、そのようなディスカッションが行われたエビデンスのある授業はほとんど見られなかった（付表4.14，付表4.15）。

　メタ認知については、GTIでは、生徒が自分自身の考えについてどのくらいの頻度で振り返ったかに焦点を当てている。メタ認知を求める教員の問いの例としては、「問7に注目して、なぜそのようにしたのか考えなさい」、「平方完成を使った解き方がなぜ良いと考えたのですか」等がある。指標「メタ認知」では、このような教員の問いに対して生徒が応答した程度を基に1～3の範囲で数値化した。K-S-T（日本）の平均スコアは、参加国・地域の中で最も高い1.56であった（イングランド（英国）（1.29）、コロンビア（1.26）、上海（中国）（1.18）、ドイツ*（1.17）、メキシコ（1.14）、マドリード（スペイン）（1.07）、B-M-V（チリ）（1.03））（付表4.11）。K-S-T（日本）については、56%の授業がスコアの範囲1.5～3.0に位置しており、教員が生徒に対し自分の考えを省察するよう求めて、メタ認知的活動に取り組ませる機会があった（付表4.12）。

　続いて自己評価については、授業資料を分析し、生徒自身が学習した内容に対する自分なりの理解を評価していたり、自身の学習を見直すよう教員に求められる内容が含まれていたりといったその程度を基に、1～3の範囲で数値化した。その結果、K-S-T（日本）と上海（中国）の5分の1の授業で、用いられている授業資料には自己評価が含まれていた（付表4.16）。ただしそれらの多くは、教員が生徒に向けて、「この学習事項についてどれくらい理解できた自信がありますか」というように広い意味で書かせる内容で、学習した内容について具体的に書かせるものは少なかった。

4.3.6　テクノロジーの利用

　テクノロジーの利用は、高次の思考活動や認知面での要求が高い課題に、生徒が取り組むことを容易にする可能性がある。しかし、テクノロジーを多用することが必ずしも優れた指導と学習につながるわけではない。これまでの研究で、授業でテクノロジーを利用したかどうかよりも、生徒と教員がテクノロジーを利用して何を行ったかの方が重要であることが示されている（Fishman, Dede (2016)）。GTIでは、テクノロジーの例として、実物投影機（OHP）、スマートボードまたはプロジェクター、グラフ電卓、グラフ化の機能がない電卓、コンピューターやノートパソコン、テレビ、タブレット、携帯電話がどのような目的で利用されたかを観察している。

　K-S-T（日本）の79%の授業ではテクノロジーが利用されておらず、これは参加国・地域の中で最も高い割合であった。残りの21%の授業ではテクノロジーの利用が観察され、目的別に見ると、黒板のようにコミュニケーションを目的として使われている授業の割合が6%であり、概念的理解を目的とする授業の割合が12%であった。他の参加国・地域では、ほとんどの教員が、テクノロジーを利用しても、ホワイトボードや黒板を使うように、コミュニケーション目的で利用した授業が多かった（上海（中国）（71%）、イングランド（英国）（55%）、ドイツ*（48%））。生徒の概念的理解を深めるためにテクノロジーが利用された授業はごく一部であった（表4.1）。また一部の授

業ではソフトウェアが使われていた（スコア1.5以上）（ドイツ*（20％）、コロンビア（10％）、B-M-V（チリ）（8％）、イングランド（英国）（8％）、メキシコ（8％）、K-S-T（日本）（2％）、マドリード（スペイン）（1％））（付表4.12）。

表4.1　授業内におけるテクノロジーの利用についての目的別の集計結果

国・地域	クラス数	スコアが最も高いクラス数				スコアが最も高いクラスの割合（％）			
		テクノロジーの利用なし	コミュニケーションの目的のみ	コミュニケーションと限られた概念的理解	コミュニケーションと概念的理解	テクノロジーの利用なし	コミュニケーションの目的のみ	コミュニケーションと限られた概念的理解	コミュニケーションと概念的理解
B-M-V（チリ）	98	42	43	8	5	42.9	43.9	8.2	5.1
コロンビア	83	42	19	10	12	50.6	22.9	12.0	14.5
イングランド（英国）	85	0	47	20	18	0.0	55.3	23.5	21.2
ドイツ*	50	12	24	9	5	24.0	48.0	18.0	10.0
K-S-T（日本）	89	70	5	3	11	78.7	5.6	3.4	12.4
マドリード（スペイン）	85	40	27	9	9	47.1	31.8	10.6	10.6
メキシコ	103	60	15	8	20	58.3	14.6	7.8	19.4
上海（中国）	85	5	60	13	7	5.9	70.6	15.3	8.2

注：表は、クラス単位で、セグメントごとに数値化したスコアのうち最も高いスコアを代表値として集計し、各クラスにおける最も良いテクノロジーの利用結果をまとめたものである。スコアの範囲は1～4であり、スコア1はテクノロジーの利用なし、スコア2はコミュニケーションの目的のみのテクノロジーの利用、スコア3はコミュニケーションと限られた概念的理解のためのテクノロジーの利用、スコア4はコミュニケーションと概念的理解のためのテクノロジーの利用を示す。
ドイツ*は調査対象学校が便宜的標本であることを意味する。
出典：OECD, Global Teaching InSights Database.

4.4　生徒の理解に対する評価と対応

　生徒が知っていることやできることを見極めて、それを学習目標につなげることの重要性は多くの研究が示している（Black, Wiliam (2009); Rakoczy他 (2019)）。これは形成的評価として知られている。教員は、生徒の思考を引き出し、フィードバックを提供し、生徒の思考に沿った授業を展開するために様々な手立てを行うことができるが、それらの目的は、生徒の理解を深める指導を行うことである。「生徒の理解に対する評価と対応」領域では、構成要素「生徒の考えを引き出す指導」、「教員のフィードバック」、「生徒の考えに合わせた指導」について、その頻度や程度を基に1～4の範囲で数値化した。「生徒の理解に対する評価と対応」領域の平均スコアは、ドイツ*（2.70）、イングランド（英国）（2.70）、上海（中国）（2.62）、K-S-T（日本）（2.49）、マドリード（スペイン）（2.38）、メキシコ（2.29）、B-M-V（チリ）（2.29）、コロンビア（2.11）であった（付表4.1）。

4.4.1　生徒の考えを引き出す指導

　教員が、授業を展開する中で何らかの方法で生徒の思考を引き出すことは、生徒が考えていることを把握するために重要である。生徒の思考を引き出す場面は、例えば、生徒に課題を提示した上で、質問したり、生徒が用いた手続きを生徒自身に説明させたりすることが挙げられる。教員が生徒の理解を把握するためには、このように生徒自身に自分の考えを書かせたり発言させたりするよう促す必要があり、それは、生徒の実態に応じた授業や生徒の思考に沿った授業の展開につながる。

　構成要素「生徒の考えを引き出す指導」では、生徒の考えが表出する頻度と程度を基に1～4の範囲で数値化した。スコア1は、生徒の考えが表れていないこと、スコア2は、生徒の考えが少し表れており、問い、言葉がけ、課題は問題を解くために必要な答え、手続き、段階（ステップ）に関する生徒の形式的な応答をもたらすにすぎないこと、スコア3は、生徒の考えがある程度表れており、生徒の応答は、問題を解くために必要な答え、手続き、段階（ステップ）に関する詳細なものであること、スコア4は、生徒の考えが多く表れており、生徒の応答は、問題の答え、手続き、段階（ステップ）に関する応答や説明だけではなく、アイディアや概念に関する生徒の様々な考えを含むことを表す。K-S-T（日本）の平均スコアは2.68であった（上海（中国）（3.12）、ドイツ*（2.90）、イングランド（英国）（2.83）、マドリード（スペイン）（2.49）、メキシコ（2.45）、B-M-V（チリ）（2.40）、コロンビア（2.28））（付表4.6）。また、K-S-T（日本）の71%の授業では、問題の答え、手続き、段階（ステップ）に関する生徒の詳細な応答があり（スコアの範囲は2.5～4.0）、生徒の考えが「ある程度」以上引き出されたことが観察された（上海（中国）（100%）、イングランド（英国）（93%）、ドイツ*（90%）、マドリード（スペイン）（52%）、メキシコ（46%）、B-M-V（チリ）（43%）、コロンビア（28%））（付表4.7）。

4.4.2　生徒の考えに合わせた指導

　教員は、生徒の思考を引き出した後に、授業を計画の通りに進めるか、あるいは計画を修正するか、授業計画にはなかった指導内容に変更するかといった判断をすることが求められる。例えば、複数の生徒に考えを共有するよう求めることで、教室全体の思考パターンを見いだし、その後の授業展開をどうするかの判断をすることができるだろう。また、生徒に自分の解法を黒板上で共有するよう求める際に、生徒の特定の考えと学習目標との関係から、誤答も含めてどの生徒の解法を全体で共有するか選択することで、クラス全体での議論を意図する方向へ練り上げることができる。

　GTIでは、教員が生徒の思考を指導に利用したエビデンスとして、主に2点について観察している。1点目は、次の4つの教員の行動である。例えば、生徒の発言に対して「なぜ」、「それを思い付いた理由は」、「本当にそれでいい」と問うことや、生徒が黒板で問題を解いている際、「次に何をする」と問い、教員はそれに従って授業を進める等が挙げられる。

- 生徒の応答に注目が集まるように促している
- 生徒の応答もしくは問いに対して、問いを投げかけている
- 手続きや手順において生徒に次のステップを示すよう求める
- 生徒の応答の中に規則性を見つけて示す

　2点目は、生徒が数学について間違えたり苦戦したりしている際に、教員が生徒の理解を促すための手掛かりやヒントを与えたエビデンスである。構成要素「生徒の考えに合わせた指導」では、これらのエビデンスの頻度を基に、1～4の範囲で数値化した。スコア1は、教員が生徒の応答を活（い）かしたエビデンスがないか、もし生徒が数学について間違えたり、苦戦したりしていても生徒の理解を促すための手掛かりやヒントを与えないことを表し、スコア4は、教員が生徒の応答

を活（い）かしたエビデンスが頻繁にあり、生徒の理解を促すための手掛かりやヒントを頻繁に与えたことを表す。K-S-T（日本）の平均スコアは 2.96 であった（イングランド（英国）（3.25）、ドイツ*（3.09）、上海（中国）（2.78）、B-M-V（チリ）（2.73）、マドリード（スペイン）（2.67）、メキシコ（2.65）、コロンビア（2.38））（付表 4.6）。また、コロンビアを除く全ての参加国・地域において、3 分の 2 を上まわる授業で概して「時々」または「頻繁」に、生徒の考えを利用したり、生徒に手掛かりやヒントを与えたりしていた（スコアの範囲は 2.5 〜 4.0）（ドイツ*（98％）、イングランド（英国）（98％）、K-S-T（日本）（90％）、上海（中国）（84％）、メキシコ（73％）、B-M-V（チリ）（73％）、マドリード（スペイン）（68％）、コロンビア（41％））（付表 4.7）。

4.4.3　教員のフィードバック

　生徒の考えに合わせた指導を行う際、教員は、生徒の考えが正しい理由や正しくない理由、扱った考えが使いやすい理由や使いにくい理由、背後にある重要な数学的な見方や考え方・価値等について、明確に指導したり、あるいは指導の程度を調整したりすることができる。生徒の発言や記述に対して教員が何らかのフィードバックを与えることは、生徒の思考を深める上で重要である。GTI では、教員と生徒の間での双方向の意見交換について、特に「なぜ生徒の考えが正しいか、または正しくないか」、あるいは「なぜそのアイディアや手続きがそうであるのか」という「なぜ」に対するフィードバックに限定して観察している。

　構成要素「教員のフィードバック」では、「なぜ」に対するフィードバックの頻度と程度を基に、1 〜 4 の範囲で数値化した。スコア 1 は、フィードバックのやりとりがないまたは 1 回あり、教員と生徒のやりとりは、多くの場合、形式的に数学の内容を扱うことを表し、スコア 4 は、フィードバックのやりとりが頻繁にあり、教員と生徒のやりとりは詳細に数学の内容を扱っていることを表す。

　K-S-T（日本）の平均スコアは 1.83 であった（ドイツ*（2.12）、イングランド（英国）（2.01）、マドリード（スペイン）（1.97）、上海（中国）（1.94）、メキシコ（1.78）、B-M-V（チリ）（1.73）、コロンビア（1.67））（付表 4.6）。どの参加国・地域でも、「なぜ」に対するフィードバックのエビデンスがほとんど見られなかった授業が 82％ 〜 98％ に及んだ（スコアの範囲は 1.0 〜 2.5）。K-S-T（日本）では 8％ のクラスで、「なぜ」についてのフィードバックのエビデンスが「時々」見られた（スコアの範囲は 2.5 〜 3.5）（ドイツ*（18％）、マドリード（スペイン）（16％）、イングランド（英国）（8％）、メキシコ（7％）、上海（中国）（5％））（付表 4.7）。

4.5　対話（談話）

　指導実践の質を議論する際、教室における教員と生徒の対話（談話）に注目することは重要である。教室における対話（談話）によって、生徒は自分の考えを自分自身や他の生徒に対して可視化し、教員は生徒の学習を支援する（Resnick, Asterhan, Clarke（2018））。GTI では、授業における教員と生徒の対話、問いや説明に注目した。

　「対話（談話）」領域では、構成要素「対話（談話）の性質」、「問いかけ」、「説明」について、そ

の頻度や程度を基に1〜4の範囲で数値化した。「対話（談話）」領域の平均スコアは、ドイツ*（2.54）、K-S-T（日本）（2.52）、イングランド（英国）（2.44）、マドリード（スペイン）（2.27）、上海（中国）（2.27）、メキシコ（2.11）、B-M-V（チリ）（2.10）、コロンビア（1.85）であった（付表4.1）。

4.5.1　授業における対話の質

構成要素「対話（談話）の性質」では、生徒は教室での対話ややりとりに参加する機会を与えられるか、生徒のやりとりは（数学に関する）内容で特徴づけられているかについて、その頻度や程度を基に1〜4の範囲で数値化した。スコア1は、対話や、やりとりは教員主導であること、スコア2は、対話や、やりとりは頻繁に教員主導であり、生徒のやりとりは詳細な発話や反応で特徴づけられていることがまれにあること、スコア3は、対話や、やりとりは時々教員主導であり、生徒のやりとりは詳細な発話や反応で特徴づけられていることが時々あること、スコア4は、対話や、やりとりはまれに教員主導であり、生徒のやりとりは詳細な発話や反応で特徴づけられていることが頻繁にあることを表す。K-S-T（日本）の平均スコアは2.46であった（ドイツ*（2.82）、イングランド（英国）（2.54）、マドリード（スペイン）（2.53）、メキシコ（2.15）、上海（中国）（2.06）、B-M-V（チリ）（2.02）、コロンビア（1.72））（付表4.6）。

4.5.2　問いかけの質

教員が用いる様々な問いは、生徒の考えを引き出す等、教室における対話（談話）の質を決める要素の1つである。生徒は、教員の問いかけによって、既存の学習内容を思い出すことや、分析や統合といった複雑な課題を行うことを求められる。構成要素「問いかけ」では、教員の問いが、様々な種類の認知的推論を生徒に求めるかについて、その頻度や程度を基に1〜4の範囲で数値化した。スコア1は、問いは、多くの場合生徒に対し、思い出す、答えを発表する、「はい／いいえ」で答える、用語を定義することを求めること、スコア2は、問いは、多くの場合生徒に対し、思い出す、答えを発表する等を求めるものであるが、いくつかの問いは、生徒に対して、まとめる、説明する、分類する、規則性・手順・公式を適用することを求めること、スコア3は、ほとんどの問いは生徒に対して、まとめる、説明する、分類する、規則性・手順・公式を適用することを求めること、スコア4は、問いは、特に分析する、統合する、正当化する、推測することを求めることを強調することを表す。K-S-T（日本）の平均スコアは2.62であった（ドイツ*（2.64）、イングランド（英国）（2.51）、上海（中国）（2.24）、B-M-V（チリ）（2.19）、メキシコ（2.19）、マドリード（スペイン）（2.16）、コロンビア（1.73））（図4.9，付表4.6）。

K-S-T（日本）の64％の授業では、比較的高度な問いである、要約すること、規則性・手順・公式の適用を求める問いや、分析の問いに力点が置かれる傾向があった（スコアの範囲は2.5〜4.0）（ドイツ*（70％）、イングランド（英国）（54％）、B-M-V（チリ）（21％）、マドリード（スペイン）（20％）、上海（中国）（19％）、メキシコ（18％）、コロンビア（1％））（付表4.7）。

図 4.9　構成要素「問いかけ」のスコアごとのクラス数の割合（%）

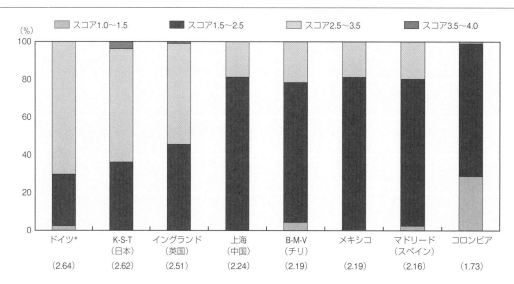

注：グラフ中の国・地域名の下には、構成要素「問いかけ」の平均スコアを示す。スコアは、分析者による授業ビデオの数値化データを基にした。スコアの範囲は1〜4であり、スコア1は表面的な問いで、問いは、多くの場合生徒に対し、思い出す、答えを発表する、「はい／いいえ」で答える、用語を定義することを求めること、スコア4は深い問いで、問いは、特に分析する、統合する、正当化する、推測することを求めることを強調することを示す。
ドイツ*は調査対象学校が便宜的標本であることを意味する。
国・地域は、構成要素「問いかけ」のスコアが大きい順に並べている。
出典：OECD, Global Teaching InSights Database.

4.5.3　説明の質

　GTIにおける説明とは、教員や生徒が数学に関する考えや手続きがなぜそうであるかの理由を示したものである。構成要素「説明」では、教員や生徒が行う記述または口頭での説明について、その頻度や程度を基に1〜4の範囲で数値化した。スコア1は、教員または生徒のどちらからも、考えや手続きがなぜそうであるかの説明がないこと、スコア2は、説明は、多くの場合、数学の表面的な特徴に焦点を当てていること、スコア3は、説明は、数学の表面的な特徴と、より深い特徴の組み合わせに焦点を当てていること、スコア4は、説明は、数学の詳細でより深い特徴に焦点を当てていることを表す。K-S-T（日本）の平均スコアは2.47であった（上海（中国）（2.49）、イングランド（英国）（2.29）、ドイツ*（2.15）、マドリード（スペイン）（2.12）、コロンビア（2.09）、B-M-V（チリ）（2.08）、メキシコ（2.00））（図4.10、付表4.6）。

　K-S-T（日本）の55％の授業では、教員と生徒は考えや手続きがなぜそうであるかを、比較的詳細に、数学的に深く説明した（スコアの範囲は2.5〜4.0）（上海（中国）（56％）、イングランド（英国）（25％）、マドリード（スペイン）（19％）、ドイツ*（18％）、B-M-V（チリ）（13％）、コロンビア（8％）、メキシコ（7％））（付表4.7）。

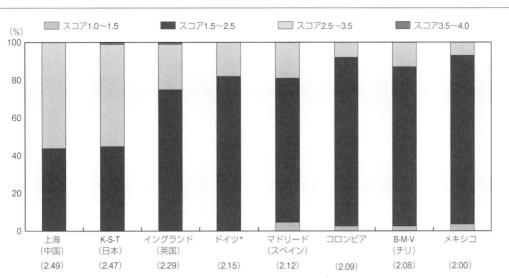

図4.10　構成要素「説明」のスコアごとのクラス数の割合（%）

注：グラフ中の国・地域名の下には、構成要素「説明」の平均スコアを示す。スコアは、分析者による授業ビデオの数値化データを基にした。
スコアの範囲は1〜4であり、スコア1は教員または生徒のどちらからも、考えや手続きがなぜそうであるかの説明がないこと、スコア4は
説明は、数学の詳細な、または／および、より深い特徴に焦点を当てていることを示す。
ドイツ＊は調査対象学校が便宜的標本であることを意味する。
国・地域は、構成要素「説明」のスコアが大きい順に並べている。
出典：OECD, Global Teaching InSights Database.

参考文献・資料

Baumert, J. et al.（2010）, "Teachers' mathematical knowledge, cognitive activation in the classroom, and student progress", *American Educational Research Journal*, Vol. 47/1, http://dx.doi.org/10.3102/0002831209345157.

Black, P. and D. Wiliam（2009）, "Developing the theory of formative assessment", *Educational Assessment, Evaluation and Accountability*, http://dx.doi.org/10.1007/s11092-008-9068-5.

Blum, W.（2002）, "ICMI study 14: Applications and modelling in mathematics education - discussion document", *ZDM-International Journal on Mathematics Education*, Vol. 34/5, http://dx.doi.org/10.1007/BF02655826.

Boaler, J.（2000）, "Mathematics from Another World: Traditional Communities and the Alienation of Learners", *Journal of Mathematical Behavior*, Vol. 18/4, http://dx.doi.org/10.1016/S0732-3123(00)00026-2.

CCSSI（2010）, "Common Core State Standards for Mathematics", *Common Core State Standards Initiative*.

De Lange, J.（1996）, "Chapter 2: Using and Applying Mathematics in Education", in *International handbook of mathematics education*.

Fauth, B. et al.（2014）, "Student ratings of teaching quality in primary school: Dimensions and prediction of student outcomes", *Learning and Instruction*, http://dx.doi.org/10.1016/j.learninstruc.2013.07.001.

Fishman, B. and C. Dede（2016）, "Teaching and Technology: New Tools for New Times", in *Handbook of Research on Teaching*, http://dx.doi.org/10.3102/978-0-935302-48-6_21.

Gravemeijer, K. et al.（2000）, "Symbolizing, modeling, and instructional design", in *Symbolizing and Communicating in Mathematics Classrooms Perspectives on Discourse Tools and Instructional Design*.

Lipowsky, F. et al.（2009）, "Quality of geometry instruction and its short-term impact on students' understanding of the Pythagorean Theorem", *Learning and Instruction*, Vol. 19/6, pp. 527-537, http://dx.doi.org/10.1016/j.learninstruc.2008.11.001.

National Council Of Teachers Of Mathematics（2000）, "Principles and Standards for School Mathematics", *School Science and Mathematics*, Vol. 47/8, http://dx.doi.org/10.1111/j.1949-8594.2001.tb17957.x.

OECD（2019）, *PISA 2018 Assessment and Analytical Framework*, PISA, OECD Publishing, Paris, https://dx.doi.org/10.1787/b25efab8-en.

Perry, B. and S. Dockett（2015）, "Young children's access to powerful mathematical ideas", in *Handbook of International Research in Mathematics Education*, http://dx.doi.org/10.4324/9780203930236.ch5.

Rakoczy, K. et al.（2019）, "Formative assessment in mathematics: Mediated by feedback's perceived usefulness and students' self-efficacy", *Learning and Instruction*, http://dx.doi.org/10.1016/j.learninstruc.2018.01.004.

Resnick, L., C. Asterhan and S. Clarke（2018）, "Accountable Talk: Instructional dialogue that builds the mind", *Educational Practices Series 29*, The international academy of education（IAE）and the International Bureau of Education（IBE）of the United Nations educational, Geneva, Switzerland, http://www.ibe.unesco.org/sites/default/files/resources/educational_practices_29-v7_002.pdf.

第4章の付表

付表 4.1 「教科指導」領域全体および「対話（談話）」、「教科内容の質」、「生徒の認知的取り組み」、
「生徒の理解に対する評価と対応」領域のスコアの統計量

領域 [1]	国・地域	構成要素	クラス数	平均スコア	標準偏差	最小スコア	パーセンタイル値 10%	20%	50%	80%	90%	最大スコア
教科指導	B-M-V（チリ）	領域全体の平均	98	1.85	0.18	1.50	1.61	1.70	1.82	1.99	2.10	2.31
	コロンビア	領域全体の平均	83	1.74	0.23	1.30	1.45	1.50	1.76	1.99	2.04	2.23
	イングランド（英国）	領域全体の平均	85	2.23	0.26	1.68	1.88	2.01	2.24	2.40	2.50	3.18
	ドイツ*	領域全体の平均	50	2.20	0.22	1.73	1.97	2.04	2.19	2.35	2.50	2.67
	K-S-T（日本）	領域全体の平均	89	2.24	0.27	1.72	1.92	1.96	2.26	2.45	2.58	3.10
	マドリード（スペイン）	領域全体の平均	85	1.96	0.23	1.33	1.68	1.80	1.98	2.15	2.23	2.49
	メキシコ	領域全体の平均	103	1.92	0.27	1.27	1.62	1.68	1.91	2.13	2.27	2.58
	上海（中国）	領域全体の平均	85	2.15	0.18	1.69	1.93	2.02	2.14	2.30	2.38	2.82
対話（談話）	B-M-V（チリ）	領域全体の平均	98	2.10	0.24	1.46	1.82	1.92	2.08	2.29	2.35	2.73
	コロンビア	領域全体の平均	83	1.85	0.28	1.35	1.46	1.57	1.84	2.15	2.23	2.43
	イングランド（英国）	領域全体の平均	85	2.44	0.26	2.00	2.09	2.21	2.47	2.61	2.68	3.39
	ドイツ*	領域全体の平均	50	2.54	0.24	1.86	2.24	2.41	2.53	2.69	2.78	3.08
	K-S-T（日本）	領域全体の平均	89	2.52	0.30	2.00	2.19	2.24	2.50	2.81	2.87	3.31
	マドリード（スペイン）	領域全体の平均	85	2.27	0.30	1.42	1.85	2.07	2.33	2.48	2.60	2.82
	メキシコ	領域全体の平均	103	2.11	0.30	1.25	1.75	1.86	2.09	2.37	2.52	3.06
	上海（中国）	領域全体の平均	85	2.27	0.19	1.69	2.03	2.11	2.26	2.42	2.49	2.89
教科内容の質	B-M-V（チリ）	領域全体の平均	98	1.36	0.23	1.00	1.09	1.15	1.32	1.56	1.66	2.05
	コロンビア	領域全体の平均	83	1.41	0.20	1.04	1.21	1.25	1.34	1.59	1.69	2.07
	イングランド（英国）	領域全体の平均	85	1.76	0.36	1.13	1.36	1.42	1.75	2.00	2.25	2.74
	ドイツ*	領域全体の平均	50	1.51	0.22	1.08	1.29	1.33	1.48	1.65	1.79	2.05
	K-S-T（日本）	領域全体の平均	89	1.70	0.29	1.17	1.41	1.47	1.67	1.89	2.17	2.54
	マドリード（スペイン）	領域全体の平均	85	1.53	0.32	1.00	1.21	1.29	1.48	1.75	1.92	2.96
	メキシコ	領域全体の平均	103	1.53	0.35	1.00	1.13	1.25	1.46	1.85	2.04	2.58
	上海（中国）	領域全体の平均	85	1.97	0.22	1.33	1.75	1.79	1.92	2.13	2.26	2.49
生徒の認知的取り組み	B-M-V（チリ）	領域全体の平均	98	1.48	0.25	1.06	1.15	1.28	1.45	1.67	1.79	2.40
	コロンビア	領域全体の平均	83	1.49	0.26	1.03	1.17	1.26	1.47	1.71	1.85	2.16
	イングランド（英国）	領域全体の平均	85	1.86	0.37	1.25	1.44	1.58	1.81	2.12	2.22	3.33
	ドイツ*	領域全体の平均	50	1.81	0.34	1.26	1.42	1.50	1.78	2.03	2.26	2.81
	K-S-T（日本）	領域全体の平均	89	2.07	0.40	1.28	1.58	1.72	2.06	2.42	2.61	3.28
	マドリード（スペイン）	領域全体の平均	85	1.53	0.24	1.00	1.26	1.36	1.50	1.70	1.83	2.19
	メキシコ	領域全体の平均	103	1.61	0.28	1.10	1.29	1.39	1.59	1.83	2.00	2.42
	上海（中国）	領域全体の平均	85	1.71	0.26	1.25	1.44	1.47	1.67	1.90	2.02	2.50
生徒の理解に対する評価と対応	B-M-V（チリ）	領域全体の平均	98	2.29	0.26	1.62	1.94	2.06	2.29	2.51	2.66	2.91
	コロンビア	領域全体の平均	83	2.11	0.36	1.42	1.67	1.78	2.07	2.51	2.62	2.81
	イングランド（英国）	領域全体の平均	85	2.70	0.24	2.08	2.39	2.50	2.67	2.86	3.04	3.50
	ドイツ*	領域全体の平均	50	2.70	0.24	2.03	2.43	2.53	2.69	2.92	2.96	3.19
	K-S-T（日本）	領域全体の平均	89	2.49	0.30	1.75	2.11	2.19	2.50	2.72	2.86	3.14
	マドリード（スペイン）	領域全体の平均	85	2.38	0.38	1.22	1.89	2.16	2.39	2.67	2.81	3.11
	メキシコ	領域全体の平均	103	2.29	0.34	1.44	1.89	2.01	2.28	2.58	2.74	3.06
	上海（中国）	領域全体の平均	85	2.62	0.23	2.07	2.36	2.44	2.61	2.78	2.89	3.36

注：1. 教科指導領域の各授業のスコアは、「対話（談話）」、「教科内容の質」、「生徒の認知的取り組み」、「生徒の理解に対する評価と対応」の
4つの領域の平均である。
ドイツ*は調査対象学校が便宜的標本であることを意味する。
出典：OECD, Global Teaching InSights Database.

付表 4.2　「教科指導」領域全体および「対話（談話）」、「教科内容の質」、「生徒の認知的取り組み」、「生徒の理解に対する評価と対応」領域における各構成要素のスコアごとのクラス数の割合（%）

領域[1]	国・地域	構成要素	度数（領域のスコア）				%（領域のスコア）			
			スコア 1.0～1.5	スコア 1.5～2.5	スコア 2.5～3.5	スコア 3.5～4.0	スコア 1.0～1.5	スコア 1.5～2.5	スコア 2.5～3.5	スコア 3.5～4.0
教科指導	B-M-V（チリ）	領域全体の平均	1	97	0	0	1.0	99.0	0.0	0.0
	コロンビア	領域全体の平均	17	66	0	0	20.5	79.5	0.0	0.0
	イングランド（英国）	領域全体の平均	0	76	9	0	0.0	89.4	10.6	0.0
	ドイツ*	領域全体の平均	0	45	5	0	0.0	90.0	10.0	0.0
	K-S-T（日本）	領域全体の平均	0	75	14	0	0.0	84.3	15.7	0.0
	マドリード（スペイン）	領域全体の平均	5	80	0	0	5.9	94.1	0.0	0.0
	メキシコ	領域全体の平均	5	94	4	0	4.9	91.3	3.9	0.0
	上海（中国）	領域全体の平均	0	84	1	0	0.0	98.8	1.2	0.0
対話（談話）	B-M-V（チリ）	領域全体の平均	1	90	7	0	1.0	91.8	7.1	0.0
	コロンビア	領域全体の平均	12	71	0	0	14.5	85.5	0.0	0.0
	イングランド（英国）	領域全体の平均	0	47	38	0	0.0	55.3	44.7	0.0
	ドイツ*	領域全体の平均	0	18	32	0	0.0	36.0	64.0	0.0
	K-S-T（日本）	領域全体の平均	0	44	45	0	0.0	49.4	50.6	0.0
	マドリード（スペイン）	領域全体の平均	1	67	17	0	1.2	78.8	20.0	0.0
	メキシコ	領域全体の平均	1	88	14	0	1.0	85.4	13.6	0.0
	上海（中国）	領域全体の平均	0	76	9	0	0.0	89.4	10.6	0.0
教科内容の質	B-M-V（チリ）	領域全体の平均	71	27	0	0	72.4	27.6	0.0	0.0
	コロンビア	領域全体の平均	61	22	0	0	73.5	26.5	0.0	0.0
	イングランド（英国）	領域全体の平均	21	61	3	0	24.7	71.8	3.5	0.0
	ドイツ*	領域全体の平均	26	24	0	0	52.0	48.0	0.0	0.0
	K-S-T（日本）	領域全体の平均	19	69	1	0	21.3	77.5	1.1	0.0
	マドリード（スペイン）	領域全体の平均	43	41	1	0	50.6	48.2	1.2	0.0
	メキシコ	領域全体の平均	54	48	1	0	52.4	46.6	1.0	0.0
	上海（中国）	領域全体の平均	2	83	0	0	2.4	97.6	0.0	0.0
生徒の認知的取り組み	B-M-V（チリ）	領域全体の平均	54	44	0	0	55.1	44.9	0.0	0.0
	コロンビア	領域全体の平均	46	37	0	0	55.4	44.6	0.0	0.0
	イングランド（英国）	領域全体の平均	11	71	3	0	12.9	83.5	3.5	0.0
	ドイツ*	領域全体の平均	10	38	2	0	20.0	76.0	4.0	0.0
	K-S-T（日本）	領域全体の平均	3	74	12	0	3.4	83.1	13.5	0.0
	マドリード（スペイン）	領域全体の平均	38	47	0	0	44.7	55.3	0.0	0.0
	メキシコ	領域全体の平均	38	65	0	0	36.9	63.1	0.0	0.0
	上海（中国）	領域全体の平均	19	65	1	0	22.4	76.5	1.2	0.0
生徒の理解に対する評価と対応	B-M-V（チリ）	領域全体の平均	0	76	22	0	0.0	77.6	22.4	0.0
	コロンビア	領域全体の平均	3	63	17	0	3.6	75.9	20.5	0.0
	イングランド（英国）	領域全体の平均	0	16	68	1	0.0	18.8	80.0	1.2
	ドイツ*	領域全体の平均	0	9	41	0	0.0	18.0	82.0	0.0
	K-S-T（日本）	領域全体の平均	0	41	48	0	0.0	46.1	53.9	0.0
	マドリード（スペイン）	領域全体の平均	3	48	34	0	3.5	56.5	40.0	0.0
	メキシコ	領域全体の平均	1	70	32	0	1.0	68.0	31.1	0.0
	上海（中国）	領域全体の平均	0	22	63	0	0.0	25.9	74.1	0.0

注：1. 教科指導領域の各授業のスコアは、「対話（談話）」、「教科内容の質」、「生徒の認知的取り組み」、「生徒の理解に対する評価と対応」の 4 つの領域の平均である。
ドイツ*は調査対象学校が便宜的標本であることを意味する。
出典：OECD, Global Teaching InSights Database.

付表 4.3　「教科内容の質」領域における各指標のスコアの統計量

領域	指標	国・地域	集計方法¹	数値化(スコア)の範囲	クラス数	平均スコア	標準偏差	最小スコア	パーセンタイル値					最大スコア
									10%	20%	50%	80%	90%	
教科内容の質	正確さ	B-M-V (チリ)	平均	1-3	98	2.85	0.16	2.19	2.65	2.76	2.90	2.96	3.00	3.00
		コロンビア	平均	1-3	83	2.91	0.13	2.22	2.77	2.84	2.96	3.00	3.00	3.00
		イングランド (英国)	平均	1-3	85	2.93	0.07	2.67	2.84	2.88	2.96	3.00	3.00	3.00
		ドイツ*	平均	1-3	50	2.90	0.09	2.63	2.79	2.83	2.93	2.97	3.00	3.00
		K-S-T (日本)	平均	1-3	89	2.94	0.07	2.60	2.87	2.90	2.96	3.00	3.00	3.00
		マドリード (スペイン)	平均	1-3	85	2.94	0.07	2.67	2.86	2.90	2.96	3.00	3.00	3.00
		メキシコ	平均	1-3	103	2.85	0.16	2.25	2.62	2.73	2.89	3.00	3.00	3.00
		上海 (中国)	平均	1-3	85	2.96	0.05	2.75	2.90	2.94	3.00	3.00	3.00	3.00
	数学の他の単元とのつながり	B-M-V (チリ)	平均	1-3	98	1.11	0.12	1.00	1.00	1.00	1.06	1.20	1.27	1.55
		コロンビア	平均	1-3	83	1.12	0.13	1.00	1.00	1.01	1.08	1.18	1.23	1.75
		イングランド (英国)	平均	1-3	85	1.07	0.09	1.00	1.00	1.00	1.04	1.11	1.21	1.41
		ドイツ*	平均	1-3	50	1.14	0.14	1.00	1.00	1.02	1.09	1.24	1.33	1.54
		K-S-T (日本)	平均	1-3	89	1.12	0.14	1.00	1.00	1.00	1.07	1.25	1.33	1.54
		マドリード (スペイン)	平均	1-3	85	1.18	0.12	1.00	1.04	1.08	1.17	1.29	1.35	1.59
		メキシコ	平均	1-3	103	1.15	0.19	1.00	1.00	1.00	1.06	1.26	1.41	1.80
		上海 (中国)	平均	1-3	85	1.16	0.15	1.00	1.00	1.00	1.15	1.30	1.35	1.55
	はっきりとした学習目標	B-M-V (チリ)	平均	1-3	98	2.63	0.38	1.50	2.00	2.27	2.75	3.00	3.00	3.00
		コロンビア	平均	1-3	83	2.19	0.45	1.00	1.66	1.78	2.18	2.50	2.94	3.00
		イングランド (英国)	平均	1-3	85	2.30	0.50	1.00	1.76	1.91	2.39	2.75	2.92	3.00
		ドイツ*	平均	1-3	50	2.21	0.35	1.45	1.75	1.95	2.24	2.50	2.68	2.75
		K-S-T (日本)	平均	1-3	89	2.21	0.28	1.67	1.88	2.00	2.25	2.46	2.50	3.00
		マドリード (スペイン)	平均	1-3	85	1.96	0.30	1.25	1.54	1.75	2.00	2.22	2.30	2.75
		メキシコ	平均	1-3	103	2.39	0.54	1.00	1.68	1.98	2.50	3.00	3.00	3.00
		上海 (中国)	平均	1-3	85	2.68	0.22	2.13	2.43	2.49	2.70	2.95	3.00	3.00
	手続きの指示の組み立て	B-M-V (チリ)	平均	1-3	98	1.92	0.30	1.32	1.53	1.65	1.91	2.19	2.32	2.75
		コロンビア	平均	1-3	83	2.39	0.35	1.59	1.94	2.07	2.43	2.73	2.83	3.00
		イングランド (英国)	平均	1-3	85	1.91	0.29	1.08	1.54	1.73	1.92	2.13	2.24	2.58
		ドイツ*	平均	1-3	50	1.91	0.25	1.17	1.64	1.76	1.90	2.10	2.16	2.67
		K-S-T (日本)	平均	1-3	89	1.95	0.33	1.25	1.49	1.62	1.97	2.25	2.42	2.67
		マドリード (スペイン)	平均	1-3	85	2.09	0.39	1.00	1.57	1.77	2.13	2.44	2.55	2.79
		メキシコ	平均	1-3	103	2.06	0.40	1.15	1.61	1.70	2.13	2.35	2.54	3.00
		上海 (中国)	平均	1-3	85	2.27	0.28	1.60	1.95	2.04	2.30	2.46	2.65	2.85
	現実世界とのつながり	B-M-V (チリ)	平均	1-3	98	1.09	0.17	1.00	1.00	1.00	1.03	1.13	1.21	1.90
		コロンビア	平均	1-3	83	1.12	0.15	1.00	1.00	1.00	1.04	1.23	1.33	1.60
		イングランド (英国)	平均	1-3	85	1.04	0.10	1.00	1.00	1.00	1.00	1.04	1.12	1.75
		ドイツ*	平均	1-3	50	1.27	0.29	1.00	1.00	1.00	1.12	1.51	1.75	2.00
		K-S-T (日本)	平均	1-3	89	1.16	0.22	1.00	1.00	1.00	1.04	1.33	1.51	1.96
		マドリード (スペイン)	平均	1-3	85	1.06	0.12	1.00	1.00	1.00	1.00	1.11	1.21	1.69
		メキシコ	平均	1-3	103	1.25	0.35	1.00	1.00	1.00	1.08	1.42	1.79	2.55
		上海 (中国)	平均	1-3	85	1.09	0.23	1.00	1.00	1.00	1.00	1.10	1.19	2.10

注：1. これらの指標のスコアは、分析者によって数値化されたセグメントごとのスコアを平均化することで、クラス単位の値を算出した。
ドイツ*は調査対象学校が便宜的標本であることを意味する。
出典：OECD, Global Teaching InSights Database.

第4章

付表 4.4 「教科内容の質」領域における各指標のスコアごとのクラス数の割合（%）

領域	指標	国・地域	集計方法 [1]	度数（指標のスコア）			%（指標のスコア）		
				スコア 1.0～1.5	スコア 1.5～2.5	スコア 2.5～3.0	スコア 1.0～1.5	スコア 1.5～2.5	スコア 2.5～3.0
教科内容の質	正確さ	B-M-V（チリ）	平均	0	4	94	0.0	4.1	95.9
		コロンビア	平均	0	2	81	0.0	2.4	97.6
		イングランド（英国）	平均	0	0	85	0.0	0.0	100.0
		ドイツ*	平均	0	0	50	0.0	0.0	100.0
		K-S-T（日本）	平均	0	0	89	0.0	0.0	100.0
		マドリード（スペイン）	平均	0	0	85	0.0	0.0	100.0
		メキシコ	平均	0	3	100	0.0	2.9	97.1
		上海（中国）	平均	0	0	85	0.0	0.0	100.0
	数学の他の単元とのつながり	B-M-V（チリ）	平均	95	3	0	96.9	3.1	0.0
		コロンビア	平均	79	4	0	95.2	4.8	0.0
		イングランド（英国）	平均	85	0	0	100.0	0.0	0.0
		ドイツ*	平均	49	1	0	98.0	2.0	0.0
		K-S-T（日本）	平均	87	2	0	97.8	2.2	0.0
		マドリード（スペイン）	平均	83	2	0	97.6	2.4	0.0
		メキシコ	平均	94	9	0	91.3	8.7	0.0
		上海（中国）	平均	81	4	0	95.3	4.7	0.0
	はっきりとした学習目標	B-M-V（チリ）	平均	0	23	75	0.0	23.5	76.5
		コロンビア	平均	3	62	18	3.6	74.7	21.7
		イングランド（英国）	平均	6	44	35	7.1	51.8	41.2
		ドイツ*	平均	1	35	14	2.0	70.0	28.0
		K-S-T（日本）	平均	0	72	17	0.0	80.9	19.1
		マドリード（スペイン）	平均	4	73	8	4.7	85.9	9.4
		メキシコ	平均	8	40	55	7.8	38.8	53.4
		上海（中国）	平均	0	17	68	0.0	20.0	80.0
	手続きの指示の組み立て	B-M-V（チリ）	平均	9	86	3	9.2	87.8	3.1
		コロンビア	平均	0	49	34	0.0	59.0	41.0
		イングランド（英国）	平均	6	77	2	7.1	90.6	2.4
		ドイツ*	平均	4	45	1	8.0	90.0	2.0
		K-S-T（日本）	平均	9	77	3	10.1	86.5	3.4
		マドリード（スペイン）	平均	7	65	13	8.2	76.5	15.3
		メキシコ	平均	10	80	13	9.7	77.7	12.6
		上海（中国）	平均	0	68	17	0.0	80.0	20.0
	現実世界とのつながり	B-M-V（チリ）	平均	92	6	0	93.9	6.1	0.0
		コロンビア	平均	80	3	0	96.4	3.6	0.0
		イングランド（英国）	平均	84	1	0	98.8	1.2	0.0
		ドイツ*	平均	39	11	0	78.0	22.0	0.0
		K-S-T（日本）	平均	79	10	0	88.8	11.2	0.0
		マドリード（スペイン）	平均	83	2	0	97.6	2.4	0.0
		メキシコ	平均	84	18	1	81.6	17.5	1.0
		上海（中国）	平均	79	6	0	92.9	7.1	0.0

注：1. これらの指標は、分析者によって数値化されたセグメントごとのスコアを平均化することで、クラス単位の値を算出した。
ドイツ*は調査対象学校が便宜的標本であることを意味する。
出典：OECD, Global Teaching InSights Database.

付表 4.5　教材コードの構成要素「はっきりとした学習目標」のスコアの統計量

国・地域	クラス数	平均値	標準偏差	最小値	10%	20%	50%	80%	90%	最大値
					| パーセンタイル値					
B-M-V（チリ）	94	2.63	0.56	1.00	2.00	2.00	3.00	3.00	3.00	3.00
コロンビア	83	2.48	0.51	1.50	2.00	2.00	2.50	3.00	3.00	3.00
イングランド（英国）	85	2.68	0.42	1.00	2.00	2.50	3.00	3.00	3.00	3.00
ドイツ*	50	2.26	0.32	2.00	2.00	2.00	2.00	2.50	2.50	3.00
K-S-T（日本）	89	2.37	0.46	1.00	2.00	2.00	2.50	3.00	3.00	3.00
マドリード（スペイン）	85	2.20	0.42	1.00	2.00	2.00	2.00	2.50	3.00	3.00
メキシコ	103	2.78	0.46	1.00	2.00	2.50	3.00	3.00	3.00	3.00
上海（中国）	85	2.97	0.16	2.00	3.00	3.00	3.00	3.00	3.00	3.00

注：教材コードの構成要素「はっきりとした学習目標」は、1セットの授業資料に対して分析者によって1～3の範囲で数値化されたスコア（全授業資料のエビデンスのうち最も高いスコア）が平均化され、クラス単位の値を算出した。
ドイツ*は調査対象学校が便宜的標本であることを意味する。
出典：OECD, Global Teaching InSights Database.

付表 4.6 ［1/2］ 「対話（談話）」、「教科内容の質」、「生徒の認知的取り組み」、「生徒の理解に対する評価と対応」領域における各構成要素のスコアの統計量

領域[1]	構成要素	国・地域	クラス数	平均スコア	標準偏差	最小スコア	パーセンタイル値					最大スコア
							10%	20%	50%	80%	90%	
対話（談話）	対話（談話）の性質	B-M-V（チリ）	98	2.02	0.43	1.13	1.52	1.71	1.97	2.29	2.50	3.44
		コロンビア	83	1.72	0.43	1.00	1.20	1.38	1.75	2.08	2.25	3.00
		イングランド（英国）	85	2.54	0.35	1.58	2.12	2.33	2.58	2.75	2.83	3.83
		ドイツ*	50	2.82	0.44	1.83	2.23	2.46	2.88	3.17	3.42	3.75
		K-S-T（日本）	89	2.46	0.49	1.33	1.83	2.00	2.42	2.87	3.02	3.67
		マドリード（スペイン）	85	2.53	0.51	1.25	1.67	2.17	2.63	2.92	3.11	3.83
		メキシコ	103	2.15	0.42	1.08	1.63	1.82	2.17	2.50	2.67	3.58
		上海（中国）	85	2.06	0.34	1.25	1.67	1.83	2.08	2.33	2.48	3.13
	問いかけ	B-M-V（チリ）	98	2.19	0.38	1.25	1.75	1.88	2.16	2.50	2.74	3.00
		コロンビア	83	1.73	0.36	1.10	1.25	1.43	1.67	2.09	2.25	2.50
		イングランド（英国）	85	2.51	0.28	2.00	2.17	2.25	2.50	2.67	2.86	3.50
		ドイツ*	50	2.64	0.35	1.33	2.25	2.36	2.64	2.92	3.08	3.42
		K-S-T（日本）	89	2.62	0.37	1.67	2.23	2.33	2.58	2.92	3.08	3.58
		マドリード（スペイン）	85	2.16	0.39	1.33	1.58	1.78	2.25	2.45	2.63	3.29
		メキシコ	103	2.19	0.39	1.08	1.74	1.92	2.17	2.42	2.74	3.17
		上海（中国）	85	2.24	0.25	1.50	1.92	2.00	2.25	2.42	2.57	2.92
	説明	B-M-V（チリ）	98	2.08	0.35	1.38	1.65	1.75	2.06	2.38	2.52	3.06
		コロンビア	83	2.09	0.28	1.25	1.75	1.92	2.08	2.28	2.44	2.81
		イングランド（英国）	85	2.29	0.31	1.58	2.00	2.00	2.25	2.56	2.67	3.52
		ドイツ*	50	2.15	0.32	1.58	1.83	1.90	2.09	2.46	2.52	2.95
		K-S-T（日本）	89	2.47	0.32	1.75	2.00	2.17	2.50	2.75	2.83	3.50
		マドリード（スペイン）	85	2.12	0.36	1.25	1.64	1.83	2.13	2.42	2.58	2.75
		メキシコ	103	2.00	0.33	1.42	1.58	1.73	1.94	2.29	2.42	2.83
		上海（中国）	85	2.49	0.24	1.92	2.18	2.33	2.50	2.67	2.75	3.25
教科内容の質	はっきりとしたつながり	B-M-V（チリ）	98	1.54	0.39	1.00	1.13	1.19	1.44	1.93	2.13	2.44
		コロンビア	83	1.57	0.32	1.00	1.17	1.31	1.54	1.80	2.00	2.50
		イングランド（英国）	85	1.93	0.45	1.13	1.31	1.50	1.94	2.31	2.56	3.10
		ドイツ*	50	1.77	0.36	1.08	1.41	1.50	1.73	2.00	2.26	2.63
		K-S-T（日本）	89	1.91	0.36	1.17	1.50	1.67	1.83	2.17	2.35	2.83
		マドリード（スペイン）	85	1.72	0.46	1.00	1.25	1.33	1.67	2.08	2.30	3.67
		メキシコ	103	1.76	0.61	1.00	1.09	1.25	1.63	2.23	2.66	3.58
		上海（中国）	85	1.52	0.33	1.00	1.12	1.24	1.50	1.75	1.99	2.63
	はっきりとした規則性（パターン）、一般化	B-M-V（チリ）	98	1.18	0.20	1.00	1.00	1.00	1.15	1.28	1.38	2.25
		コロンビア	83	1.24	0.22	1.00	1.00	1.06	1.20	1.39	1.50	2.00
		イングランド（英国）	85	1.59	0.35	1.00	1.17	1.25	1.58	1.83	2.10	2.42
		ドイツ*	50	1.25	0.30	1.00	1.00	1.00	1.17	1.40	1.51	2.75
		K-S-T（日本）	89	1.49	0.35	1.00	1.08	1.22	1.42	1.75	2.00	2.50
		マドリード（スペイン）	85	1.34	0.25	1.00	1.00	1.12	1.33	1.50	1.61	2.25
		メキシコ	103	1.29	0.32	1.00	1.00	1.00	1.19	1.53	1.63	2.63
		上海（中国）	85	2.41	0.31	1.50	2.14	2.17	2.38	2.67	2.88	3.21

注：1. 教科指導領域は、4 つの領域（「対話（談話）」、「教科内容の質」、「生徒の認知的取り組み」、「生徒の理解に対する評価と対応」）で構成されており、各領域はこの表に示されている 2 ～ 3 つの構成要素から成っている。
ドイツ*は調査対象学校が便宜的標本であることを意味する。
出典：OECD, Global Teaching InSights Database.

付表 4.6［2/2］　「対話（談話）」、「教科内容の質」、「生徒の認知的取り組み」、「生徒の理解に対する評価と対応」領域における各構成要素のスコアの統計量

第4章

領域¹	構成要素	国・地域	クラス数	平均スコア	標準偏差	最小スコア	パーセンタイル値					最大スコア
							10%	20%	50%	80%	90%	
生徒の認知的取り組み	認知面での要求が高い教科内容への取り組み	B-M-V（チリ）	98	1.36	0.37	1.00	1.00	1.02	1.30	1.63	1.94	2.69
		コロンビア	83	1.50	0.35	1.00	1.07	1.17	1.48	1.75	1.98	2.35
		イングランド（英国）	85	1.96	0.42	1.25	1.50	1.67	1.92	2.17	2.38	3.50
		ドイツ*	50	1.93	0.51	1.08	1.25	1.42	1.90	2.37	2.52	3.13
		K-S-T（日本）	89	2.52	0.51	1.42	1.92	2.00	2.50	3.00	3.18	3.58
		マドリード（スペイン）	85	1.63	0.37	1.00	1.17	1.25	1.58	2.01	2.17	2.46
		メキシコ	103	1.83	0.46	1.00	1.28	1.38	1.75	2.25	2.41	3.44
		上海（中国）	85	1.63	0.35	1.00	1.25	1.25	1.58	1.93	2.13	2.42
	推論する際の多様な方法と見方	B-M-V（チリ）	98	1.20	0.24	1.00	1.00	1.00	1.10	1.42	1.55	1.95
		コロンビア	83	1.19	0.28	1.00	1.00	1.00	1.08	1.35	1.54	2.65
		イングランド（英国）	85	1.46	0.43	1.00	1.00	1.08	1.25	1.83	2.00	3.17
		ドイツ*	50	1.48	0.47	1.00	1.00	1.08	1.34	1.78	2.15	2.92
		K-S-T（日本）	89	1.48	0.49	1.00	1.00	1.08	1.33	1.83	2.18	3.17
		マドリード（スペイン）	85	1.27	0.29	1.00	1.00	1.07	1.25	1.38	1.58	2.67
		メキシコ	103	1.21	0.30	1.00	1.00	1.00	1.08	1.37	1.68	2.35
		上海（中国）	85	1.54	0.40	1.00	1.00	1.17	1.50	1.83	2.00	2.75
	教科内容に関わる手続きと解決の過程の理解	B-M-V（チリ）	98	1.87	0.45	1.13	1.29	1.45	1.79	2.25	2.44	3.17
		コロンビア	83	1.76	0.38	1.06	1.26	1.45	1.69	2.13	2.29	2.54
		イングランド（英国）	85	2.18	0.41	1.50	1.68	1.83	2.15	2.45	2.69	3.44
		ドイツ*	50	2.03	0.38	1.20	1.55	1.74	2.03	2.33	2.52	2.80
		K-S-T（日本）	89	2.22	0.43	1.33	1.67	1.83	2.17	2.67	2.75	3.17
		マドリード（スペイン）	85	1.69	0.34	1.00	1.28	1.42	1.67	1.93	2.15	2.54
		メキシコ	103	1.81	0.37	1.08	1.34	1.50	1.78	2.16	2.31	2.67
		上海（中国）	85	1.95	0.33	1.17	1.50	1.67	1.92	2.25	2.42	2.67
生徒の理解に対する評価と対応	生徒の考えを引き出す指導	B-M-V（チリ）	98	2.40	0.30	1.69	1.97	2.14	2.40	2.65	2.75	3.13
		コロンビア	83	2.28	0.36	1.46	1.76	2.01	2.25	2.58	2.73	3.19
		イングランド（英国）	85	2.83	0.26	2.25	2.50	2.64	2.83	3.00	3.17	3.52
		ドイツ*	50	2.90	0.33	2.17	2.50	2.68	2.90	3.17	3.25	3.67
		K-S-T（日本）	89	2.68	0.36	1.75	2.25	2.33	2.67	3.00	3.10	3.50
		マドリード（スペイン）	85	2.49	0.44	1.25	1.93	2.25	2.50	2.85	3.00	3.58
		メキシコ	103	2.45	0.35	1.58	2.00	2.18	2.42	2.75	2.88	3.44
		上海（中国）	85	3.12	0.28	2.50	2.82	2.92	3.08	3.33	3.53	3.83
	教員のフィードバック	B-M-V（チリ）	98	1.73	0.34	1.06	1.25	1.43	1.75	2.00	2.19	2.56
		コロンビア	83	1.67	0.41	1.00	1.22	1.28	1.58	2.08	2.23	2.98
		イングランド（英国）	85	2.01	0.32	1.38	1.67	1.75	1.98	2.25	2.33	3.23
		ドイツ*	50	2.12	0.28	1.33	1.81	1.91	2.08	2.45	2.50	2.67
		K-S-T（日本）	89	1.83	0.39	1.08	1.33	1.47	1.83	2.12	2.35	2.92
		マドリード（スペイン）	85	1.97	0.45	1.00	1.43	1.65	1.92	2.35	2.60	3.00
		メキシコ	103	1.78	0.44	1.06	1.27	1.36	1.75	2.14	2.41	2.88
		上海（中国）	85	1.94	0.34	1.25	1.50	1.62	1.92	2.17	2.33	2.83
	生徒の考えに合わせた指導	B-M-V（チリ）	98	2.73	0.41	1.48	2.19	2.39	2.75	3.06	3.25	3.55
		コロンビア	83	2.38	0.46	1.42	1.75	1.99	2.38	2.81	3.00	3.50
		イングランド（英国）	85	3.25	0.33	2.00	2.92	3.00	3.25	3.50	3.58	4.00
		ドイツ*	50	3.09	0.34	2.14	2.66	2.79	3.09	3.42	3.46	3.70
		K-S-T（日本）	89	2.96	0.36	2.17	2.48	2.63	3.00	3.33	3.42	3.58
		マドリード（スペイン）	85	2.67	0.50	1.25	2.00	2.33	2.75	3.08	3.22	3.75
		メキシコ	103	2.65	0.40	1.50	2.13	2.39	2.66	2.96	3.13	3.59
		上海（中国）	85	2.78	0.31	2.08	2.33	2.58	2.83	3.04	3.17	3.42

注：1. 教科指導領域は、4つの領域（「対話（談話）」、「教科内容の質」、「生徒の認知的取り組み」、「生徒の理解に対する評価と対応」）で構成されており、各領域はこの表に示されている2〜3つの構成要素から成っている。
ドイツ*は調査対象学校が便宜的標本であることを意味する。
出典：OECD, Global Teaching InSights Database.

付表4.7［1/2］「対話（談話）」、「教科内容の質」、「生徒の認知的取り組み」、「生徒の理解に対する評価と対応」領域における各構成要素のスコアごとのクラス数の割合（%）

領域[1]	構成要素	国・地域	度数（構成要素のスコア）				%（構成要素のスコア）			
			スコア1.0〜1.5	スコア1.5〜2.5	スコア2.5〜3.5	スコア3.5〜4.0	スコア1.0〜1.5	スコア1.5〜2.5	スコア2.5〜3.5	スコア3.5〜4.0
対話（談話）	対話（談話）の性質	B-M-V（チリ）	8	79	11	0	8.2	80.6	11.2	0.0
		コロンビア	28	52	3	0	33.7	62.7	3.6	0.0
		イングランド（英国）	0	31	53	1	0.0	36.5	62.4	1.2
		ドイツ*	0	11	38	1	0.0	22.0	76.0	2.0
		K-S-T（日本）	2	44	40	3	2.2	49.4	44.9	3.4
		マドリード（スペイン）	2	34	48	1	2.4	40.0	56.5	1.2
		メキシコ	4	76	22	1	3.9	73.8	21.4	1.0
		上海（中国）	4	72	9	0	4.7	84.7	10.6	0.0
	問いかけ	B-M-V（チリ）	4	73	21	0	4.1	74.5	21.4	0.0
		コロンビア	24	58	1	0	28.9	69.9	1.2	0.0
		イングランド（英国）	0	39	45	1	0.0	45.9	52.9	1.2
		ドイツ*	1	14	35	0	2.0	28.0	70.0	0.0
		K-S-T（日本）	0	32	54	3	0.0	36.0	60.7	3.4
		マドリード（スペイン）	2	66	17	0	2.4	77.6	20.0	0.0
		メキシコ	1	83	19	0	1.0	80.6	18.4	0.0
		上海（中国）	0	69	16	0	0.0	81.2	18.8	0.0
	説明	B-M-V（チリ）	3	82	13	0	3.1	83.7	13.3	0.0
		コロンビア	2	74	7	0	2.4	89.2	8.4	0.0
		イングランド（英国）	0	64	20	1	0.0	75.3	23.5	1.2
		ドイツ*	0	41	9	0	0.0	82.0	18.0	0.0
		K-S-T（日本）	0	40	48	1	0.0	44.9	53.9	1.1
		マドリード（スペイン）	4	65	16	0	4.7	76.5	18.8	0.0
		メキシコ	4	92	7	0	3.9	89.3	6.8	0.0
		上海（中国）	0	37	48	0	0.0	43.5	56.5	0.0
教科内容の質	はっきりとしたつながり	B-M-V（チリ）	55	43	0	0	56.1	43.9	0.0	0.0
		コロンビア	34	48	1	0	41.0	57.8	1.2	0.0
		イングランド（英国）	16	58	11	0	18.8	68.2	12.9	0.0
		ドイツ*	9	38	3	0	18.0	76.0	6.0	0.0
		K-S-T（日本）	7	77	5	0	7.9	86.5	5.6	0.0
		マドリード（スペイン）	27	53	4	1	31.8	62.4	4.7	1.2
		メキシコ	39	50	13	1	37.9	48.5	12.6	1.0
		上海（中国）	41	43	1	0	48.2	50.6	1.2	0.0
	はっきりとした規則性（パターン）、一般化	B-M-V（チリ）	94	4	0	0	95.9	4.1	0.0	0.0
		コロンビア	72	11	0	0	86.7	13.3	0.0	0.0
		イングランド（英国）	35	50	0	0	41.2	58.8	0.0	0.0
		ドイツ*	44	5	1	0	88.0	10.0	2.0	0.0
		K-S-T（日本）	52	36	1	0	58.4	40.4	1.1	0.0
		マドリード（スペイン）	60	25	0	0	70.6	29.4	0.0	0.0
		メキシコ	76	26	1	0	73.8	25.2	1.0	0.0
		上海（中国）	0	54	31	0	0.0	63.5	36.5	0.0

注：1. 教科指導領域は、4つの領域（「対話（談話）」、「教科内容の質」、「生徒の認知的取り組み」、「生徒の理解に対する評価と対応」）で構成されており、各領域はこの表に示されている2〜3つの構成要素から成っている。
ドイツ*は調査対象学校が便宜的標本であることを意味する。
出典：OECD, Global Teaching InSights Database.

付表 4.7 ［2/2］ 「対話（談話）」、「教科内容の質」、「生徒の認知的取り組み」、「生徒の理解に対する評価と対応」領域における各構成要素のスコアごとのクラス数の割合（%）

領域[1]	構成要素	国・地域	度数（構成要素のスコア）				%（構成要素のスコア）			
			スコア 1.0〜1.5	スコア 1.5〜2.5	スコア 2.5〜3.5	スコア 3.5〜4.0	スコア 1.0〜1.5	スコア 1.5〜2.5	スコア 2.5〜3.5	スコア 3.5〜4.0
生徒の認知的取り組み	認知面での要求が高い教科内容への取り組み	B-M-V（チリ）	70	27	1	0	71.4	27.6	1.0	0.0
		コロンビア	42	41	0	0	50.6	49.4	0.0	0.0
		イングランド（英国）	8	70	6	1	9.4	82.4	7.1	1.2
		ドイツ*	12	32	6	0	24.0	64.0	12.0	0.0
		K-S-T（日本）	1	41	44	3	1.1	46.1	49.4	3.4
		マドリード（スペイン）	31	54	0	0	36.5	63.5	0.0	0.0
		メキシコ	26	68	9	0	25.2	66.0	8.7	0.0
		上海（中国）	30	55	0	0	35.3	64.7	0.0	0.0
	推論する際の多様な方法と見方	B-M-V（チリ）	82	16	0	0	83.7	16.3	0.0	0.0
		コロンビア	72	10	1	0	86.7	12.0	1.2	0.0
		イングランド（英国）	51	31	3	0	60.0	36.5	3.5	0.0
		ドイツ*	30	17	3	0	60.0	34.0	6.0	0.0
		K-S-T（日本）	55	30	4	0	61.8	33.7	4.5	0.0
		マドリード（スペイン）	71	13	1	0	83.5	15.3	1.2	0.0
		メキシコ	87	16	0	0	84.5	15.5	0.0	0.0
		上海（中国）	39	43	3	0	45.9	50.6	3.5	0.0
	教科内容に関わる手続きと解決の過程の理解	B-M-V（チリ）	22	67	9	0	22.4	68.4	9.2	0.0
		コロンビア	18	61	4	0	21.7	73.5	4.8	0.0
		イングランド（英国）	0	68	17	0	0.0	80.0	20.0	0.0
		ドイツ*	4	39	7	0	8.0	78.0	14.0	0.0
		K-S-T（日本）	2	61	26	0	2.2	68.5	29.2	0.0
		マドリード（スペイン）	21	61	3	0	24.7	71.8	3.5	0.0
		メキシコ	18	82	3	0	17.5	79.6	2.9	0.0
		上海（中国）	5	74	6	0	5.9	87.1	7.1	0.0
生徒の理解に対する評価と対応	生徒の考えを引き出す指導	B-M-V（チリ）	0	56	42	0	0.0	57.1	42.9	0.0
		コロンビア	2	58	23	0	2.4	69.9	27.7	0.0
		イングランド（英国）	0	6	77	2	0.0	7.1	90.6	2.4
		ドイツ*	0	5	43	2	0.0	10.0	86.0	4.0
		K-S-T（日本）	0	26	62	1	0.0	29.2	69.7	1.1
		マドリード（スペイン）	3	38	42	2	3.5	44.7	49.4	2.4
		メキシコ	0	56	47	0	0.0	54.4	45.6	0.0
		上海（中国）	0	0	72	13	0.0	0.0	84.7	15.3
	教員のフィードバック	B-M-V（チリ）	22	74	2	0	22.4	75.5	2.0	0.0
		コロンビア	32	49	2	0	38.6	59.0	2.4	0.0
		イングランド（英国）	2	76	7	0	2.4	89.4	8.2	0.0
		ドイツ*	1	40	9	0	2.0	80.0	18.0	0.0
		K-S-T（日本）	18	64	7	0	20.2	71.9	7.9	0.0
		マドリード（スペイン）	10	61	14	0	11.8	71.8	16.5	0.0
		メキシコ	32	64	7	0	31.1	62.1	6.8	0.0
		上海（中国）	5	76	4	0	5.9	89.4	4.7	0.0
	生徒の考えに合わせた指導	B-M-V（チリ）	1	25	71	1	1.0	25.5	72.4	1.0
		コロンビア	2	47	33	1	2.4	56.6	39.8	1.2
		イングランド（英国）	0	2	62	21	0.0	2.4	72.9	24.7
		ドイツ*	0	1	44	5	0.0	2.0	88.0	10.0
		K-S-T（日本）	0	9	75	5	0.0	10.1	84.3	5.6
		マドリード（スペイン）	1	26	54	4	1.2	30.6	63.5	4.7
		メキシコ	0	28	72	3	0.0	27.2	69.9	2.9
		上海（中国）	0	14	71	0	0.0	16.5	83.5	0.0

注：1. 教科指導領域は、4つの領域（「対話（談話）」、「教科内容の質」、「生徒の認知的取り組み」、「生徒の理解に対する評価と対応」）で構成されており、各領域はこの表に示されている2〜3つの構成要素から成っている。
ドイツ*は調査対象学校が便宜的標本であることを意味する。
出典：OECD, Global Teaching InSights Database.

付表 4.8　指標「表現の種類」のスコアの統計量

領域	指標	国・地域	集計方法[1]	数値化(スコア)の範囲	クラス数	平均スコア	標準偏差	最小スコア	10%	20%	50%	80%	90%	最大スコア
教科内容の質	グラフ	B-M-V（チリ）	割合	1-2	98	14.98	25.94	0.00	0.00	0.00	0.00	39.00	56.15	100.00
		コロンビア	割合	1-2	83	27.70	25.92	0.00	0.00	0.00	25.00	50.00	64.00	95.00
		イングランド（英国）	割合	1-2	85	22.46	21.67	0.00	0.00	0.00	14.29	45.83	50.00	70.00
		ドイツ*	割合	1-2	50	34.30	27.59	0.00	0.00	7.50	28.19	60.64	75.42	97.50
		K-S-T（日本）	割合	1-2	89	1.30	6.80	0.00	0.00	0.00	0.00	0.00	0.00	50.00
		マドリード（スペイン）	割合	1-2	85	5.48	11.02	0.00	0.00	0.00	0.00	8.67	16.67	52.50
		メキシコ	割合	1-2	103	11.18	22.18	0.00	0.00	0.00	0.00	23.75	39.92	100.00
		上海（中国）	割合	1-2	85	0.29	1.61	0.00	0.00	0.00	0.00	0.00	0.00	10.00
	表	B-M-V（チリ）	割合	1-2	98	6.82	14.79	0.00	0.00	0.00	0.00	5.97	31.00	60.63
		コロンビア	割合	1-2	83	13.92	18.30	0.00	0.00	0.00	7.14	27.31	42.08	86.67
		イングランド（英国）	割合	1-2	85	16.15	20.39	0.00	0.00	0.00	8.33	29.52	47.14	84.52
		ドイツ*	割合	1-2	50	15.00	18.02	0.00	0.00	0.00	7.95	39.24	45.08	50.00
		K-S-T（日本）	割合	1-2	89	3.69	9.23	0.00	0.00	0.00	0.00	0.00	17.50	42.86
		マドリード（スペイン）	割合	1-2	85	3.78	9.38	0.00	0.00	0.00	0.00	4.33	16.67	50.00
		メキシコ	割合	1-2	103	17.63	20.51	0.00	0.00	0.00	7.14	38.57	46.43	75.00
		上海（中国）	割合	1-2	85	1.58	4.85	0.00	0.00	0.00	0.00	0.00	5.00	30.00
	図	B-M-V（チリ）	割合	1-2	98	9.72	13.79	0.00	0.00	0.00	3.35	15.00	29.69	59.38
		コロンビア	割合	1-2	83	9.83	13.11	0.00	0.00	0.00	4.17	20.00	26.39	55.00
		イングランド（英国）	割合	1-2	85	13.56	17.10	0.00	0.00	0.00	7.14	25.48	39.64	75.00
		ドイツ*	割合	1-2	50	10.64	13.99	0.00	0.00	0.00	4.17	20.55	29.75	50.00
		K-S-T（日本）	割合	1-2	89	38.01	21.81	0.00	2.86	19.17	37.50	50.00	66.67	95.83
		マドリード（スペイン）	割合	1-2	85	8.18	11.54	0.00	0.00	0.00	0.00	17.33	25.00	50.00
		メキシコ	割合	1-2	103	23.89	20.04	0.00	0.00	3.54	21.43	39.00	47.55	97.22
		上海（中国）	割合	1-2	85	5.12	13.05	0.00	0.00	0.00	0.00	5.00	10.00	65.00
	方程式	B-M-V（チリ）	割合	1-2	98	97.64	5.03	68.75	93.86	95.83	100.00	100.00	100.00	100.00
		コロンビア	割合	1-2	83	94.79	6.79	75.00	82.70	88.94	97.73	100.00	100.00	100.00
		イングランド（英国）	割合	1-2	85	99.11	2.57	85.71	96.43	100.00	100.00	100.00	100.00	100.00
		ドイツ*	割合	1-2	50	97.33	5.05	75.00	92.34	95.76	100.00	100.00	100.00	100.00
		K-S-T（日本）	割合	1-2	89	88.50	11.89	50.00	70.71	79.17	91.67	100.00	100.00	100.00
		マドリード（スペイン）	割合	1-2	85	98.42	4.64	75.00	95.33	100.00	100.00	100.00	100.00	100.00
		メキシコ	割合	1-2	103	91.96	11.78	45.00	75.00	87.84	95.83	100.00	100.00	100.00
		上海（中国）	割合	1-2	85	99.38	2.93	75.00	100.00	100.00	100.00	100.00	100.00	100.00
	実物	B-M-V（チリ）	割合	1-2	98	1.51	6.30	0.00	0.00	0.00	0.00	0.00	0.75	50.00
		コロンビア	割合	1-2	83	5.91	10.24	0.00	0.00	0.00	0.00	11.67	21.36	44.44
		イングランド（英国）	割合	1-2	85	2.44	7.48	0.00	0.00	0.00	0.00	0.42	6.29	41.67
		ドイツ*	割合	1-2	50	2.20	9.02	0.00	0.00	0.00	0.00	0.00	3.27	48.21
		K-S-T（日本）	割合	1-2	89	10.64	19.06	0.00	0.00	0.00	0.00	16.67	43.93	75.00
		マドリード（スペイン）	割合	1-2	85	3.71	9.79	0.00	0.00	0.00	0.00	0.00	15.00	50.00
		メキシコ	割合	1-2	103	7.13	12.49	0.00	0.00	0.00	0.00	14.00	25.00	50.00
		上海（中国）	割合	1-2	85	0.25	1.52	0.00	0.00	0.00	0.00	0.00	0.00	12.50

注：1. 指標「表現の種類」は、分析者によって、1〜2の範囲で数値化された。スコア1はその表現がないこと、スコア2はその表現があることを示す。本分析では、分析者によって数値化されたセグメントごとのスコアが1を超えるものを平均化して、各表現が使用されたセグメントの割合を求めた。
ドイツ*は調査対象学校が便宜的標本であることを意味する。
出典：OECD, Global Teaching InSights Database.

付表 4.9　教材コードの構成要素「現実世界とのつながり」のスコアの統計量
（平均スコアを代表値として算出）

国・地域	現実世界とのつながり									
	クラス数	平均値	標準偏差	最小値	パーセンタイル値					最大値
					10%	20%	50%	80%	90%	
B-M-V（チリ）	94	1.51	0.58	1.00	1.00	1.00	1.29	2.12	2.38	3.00
コロンビア	83	1.45	0.48	1.00	1.00	1.00	1.38	1.88	2.25	2.50
イングランド（英国）	85	1.31	0.35	1.00	1.00	1.00	1.25	1.62	1.75	2.38
ドイツ*	50	1.73	0.57	1.00	1.00	1.10	1.75	2.25	2.50	3.00
K-S-T（日本）	89	1.91	0.65	1.00	1.00	1.00	2.00	2.50	3.00	3.00
マドリード（スペイン）	85	1.45	0.40	1.00	1.00	1.00	1.50	1.78	2.00	2.50
メキシコ	103	1.92	0.62	1.00	1.00	1.25	2.00	2.50	2.88	3.00
上海（中国）	85	1.36	0.47	1.00	1.00	1.00	1.12	1.65	2.08	2.88

注：教材コードの構成要素「現実世界とのつながり」は、1セットの授業資料に対して分析者によって1～3の範囲で数値化されたスコアが平均化され、クラス単位の値を算出した。
ドイツ*は調査対象学校が便宜的標本であることを意味する。
出典：OECD, Global Teaching InSights Database.

付表 4.10　教材コードの構成要素「現実世界とのつながり」のスコアの統計量
（最高スコアを代表値として算出）

国・地域	現実世界とのつながり									
	クラス数	平均値	標準偏差	最小値	パーセンタイル値					最大値
					10%	20%	50%	80%	90%	
B-M-V（チリ）	94	1.94	0.91	1.00	1.00	1.00	1.50	3.00	3.00	3.00
コロンビア	83	2.03	0.86	1.00	1.00	1.00	2.00	3.00	3.00	3.00
イングランド（英国）	85	1.81	0.77	1.00	1.00	1.00	1.50	2.50	3.00	3.00
ドイツ*	50	2.41	0.81	1.00	1.00	1.40	3.00	3.00	3.00	3.00
K-S-T（日本）	89	2.41	0.83	1.00	1.00	1.00	3.00	3.00	3.00	3.00
マドリード（スペイン）	85	2.24	0.90	1.00	1.00	1.00	3.00	3.00	3.00	3.00
メキシコ	103	2.55	0.77	1.00	1.00	2.00	3.00	3.00	3.00	3.00
上海（中国）	85	1.90	0.93	1.00	1.00	1.00	1.50	3.00	3.00	3.00

注：教材コードの構成要素「現実世界とのつながり」は、1セットの授業資料に対して分析者によって1～3の範囲で数値化されたスコア（全授業資料のエビデンスのうち最も高いスコア）が平均化され、クラス単位の値を算出した。
ドイツ*は調査対象学校が便宜的標本であることを意味する。
出典：OECD, Global Teaching InSights Database.

付表4.11　「生徒の認知的取り組み」領域の各指標のスコアの統計量

領域	指標	国・地域	集計方法[1]	数値化（スコア）の範囲	クラス数	平均スコア	標準偏差	最小スコア	パーセンタイル値					最大スコア
									10%	20%	50%	80%	90%	
生徒の認知的取り組み	学習のためのソフトウェアの利用	B-M-V（チリ）	最高スコア	1-2	98	1.06	0.16	1.00	1.00	1.00	1.00	1.00	1.25	1.75
		コロンビア	最高スコア	1-2	83	1.08	0.21	1.00	1.00	1.00	1.00	1.00	1.25	2.00
		イングランド（英国）	最高スコア	1-2	85	1.08	0.18	1.00	1.00	1.00	1.00	1.05	1.25	2.00
		ドイツ*	最高スコア	1-2	50	1.12	0.22	1.00	1.00	1.00	1.00	1.30	1.50	1.75
		K-S-T（日本）	最高スコア	1-2	89	1.03	0.09	1.00	1.00	1.00	1.00	1.00	1.00	1.50
		マドリード（スペイン）	最高スコア	1-2	85	1.03	0.09	1.00	1.00	1.00	1.00	1.00	1.00	1.50
		メキシコ	最高スコア	1-2	103	1.07	0.18	1.00	1.00	1.00	1.00	1.00	1.25	2.00
		上海（中国）	最高スコア	1-2	85	1.00	0.00	1.00	1.00	1.00	1.00	1.00	1.00	1.00
	メタ認知	B-M-V（チリ）	最高スコア	1-3	98	1.03	0.08	1.00	1.00	1.00	1.00	1.00	1.00	1.50
		コロンビア	最高スコア	1-3	83	1.26	0.30	1.00	1.00	1.00	1.25	1.50	1.75	2.50
		イングランド（英国）	最高スコア	1-3	85	1.29	0.42	1.00	1.00	1.00	1.25	1.50	1.75	2.75
		ドイツ*	最高スコア	1-3	50	1.17	0.26	1.00	1.00	1.00	1.00	1.25	1.50	2.25
		K-S-T（日本）	最高スコア	1-3	89	1.56	0.49	1.00	1.00	1.25	1.50	2.00	2.30	2.75
		マドリード（スペイン）	最高スコア	1-3	85	1.07	0.16	1.00	1.00	1.00	1.00	1.25	1.25	1.75
		メキシコ	最高スコア	1-3	103	1.14	0.23	1.00	1.00	1.00	1.00	1.25	1.50	2.00
		上海（中国）	最高スコア	1-3	85	1.18	0.21	1.00	1.00	1.00	1.00	1.25	1.50	1.75
	反復練習の機会	B-M-V（チリ）	最高スコア	1-3	98	2.59	0.55	1.00	1.93	2.00	2.75	3.00	3.00	3.00
		コロンビア	最高スコア	1-3	83	1.96	0.63	1.00	1.00	1.25	2.00	2.50	2.75	3.00
		イングランド（英国）	最高スコア	1-3	85	2.96	0.14	2.00	2.75	3.00	3.00	3.00	3.00	3.00
		ドイツ*	最高スコア	1-3	50	2.45	0.51	1.50	1.75	2.00	2.50	3.00	3.00	3.00
		K-S-T（日本）	最高スコア	1-3	89	2.05	0.63	1.00	1.25	1.50	2.00	2.60	3.00	3.00
		マドリード（スペイン）	最高スコア	1-3	85	2.41	0.52	1.00	1.75	2.00	2.50	3.00	3.00	3.00
		メキシコ	最高スコア	1-3	103	2.25	0.55	1.00	1.50	1.75	2.25	2.75	3.00	3.00
		上海（中国）	最高スコア	1-3	85	2.69	0.31	1.50	2.25	2.50	2.75	3.00	3.00	3.00

注：1. これらの指標では、分析者によって数値化されたセグメントごとのスコアのうち最も高いスコアを代表値として平均化し、クラス単位の値を算出した。
ドイツ*は調査対象学校が便宜的標本であることを意味する。
出典：OECD, Global Teaching InSights Database.

付表4.12 「生徒の認知的取り組み」領域の各指標のスコアごとのクラス数の割合（%）

領域	指標	国・地域	集計方法[1]	度数（指標のスコア）[2]			%（指標のスコア）[2]		
				スコア 1.0～1.5	スコア 1.5～2.5	スコア 2.5～3.0	スコア 1.0～1.5	スコア 1.5～2.5	スコア 2.5～3.0
生徒の認知的取り組み	学習のためのソフトウェアの利用	B-M-V（チリ）	最高スコア	90	8	0	91.8	8.2	0.0
		コロンビア	最高スコア	75	8	0	90.4	9.6	0.0
		イングランド（英国）	最高スコア	78	7	0	91.8	8.2	0.0
		ドイツ*	最高スコア	40	10	0	80.0	20.0	0.0
		K-S-T（日本）	最高スコア	87	2	0	97.8	2.2	0.0
		マドリード（スペイン）	最高スコア	84	1	0	98.8	1.2	0.0
		メキシコ	最高スコア	95	8	0	92.2	7.8	0.0
		上海（中国）	最高スコア	85	0	0	100.0	0.0	0.0
	メタ認知	B-M-V（チリ）	最高スコア	97	1	0	99.0	1.0	0.0
		コロンビア	最高スコア	61	21	1	73.5	25.3	1.2
		イングランド（英国）	最高スコア	65	16	4	76.5	18.8	4.7
		ドイツ*	最高スコア	41	9	0	82.0	18.0	0.0
		K-S-T（日本）	最高スコア	39	41	9	43.8	46.1	10.1
		マドリード（スペイン）	最高スコア	80	5	0	94.1	5.9	0.0
		メキシコ	最高スコア	87	16	0	84.5	15.5	0.0
		上海（中国）	最高スコア	70	15	0	82.4	17.6	0.0
	反復練習の機会	B-M-V（チリ）	最高スコア	4	22	72	4.1	22.4	73.5
		コロンビア	最高スコア	20	34	29	24.1	41.0	34.9
		イングランド（英国）	最高スコア	0	1	84	0.0	1.2	98.8
		ドイツ*	最高スコア	0	22	28	0.0	44.0	56.0
		K-S-T（日本）	最高スコア	15	44	30	16.9	49.4	33.7
		マドリード（スペイン）	最高スコア	2	33	50	2.4	38.8	58.8
		メキシコ	最高スコア	7	47	49	6.8	45.6	47.6
		上海（中国）	最高スコア	0	13	72	0.0	15.3	84.7

注：1. これらの指標では、分析者によって数値化されたセグメントごとのスコアのうち最も高いスコアを代表値として平均化し、クラス単位の値を算出した。
2. 指標「学習のためのソフトウェアの利用」のスコアについては、数値化の範囲が1～2のため、2.5～3.0スコアのクラスは0となっている。
ドイツ*は調査対象学校が便宜的標本であることを意味する。
出典：OECD, Global Teaching InSights Database.

第4章

付表 4.13　教材コードの構成要素「技能や手続きを練習する機会」のスコアの統計量

国・地域	技能や手続きを練習する機会									
	クラス数	平均値	標準偏差	最小値	パーセンタイル値					最大値
					10%	20%	50%	80%	90%	
B-M-V（チリ）	94	2.48	0.48	1.25	1.69	2.00	2.50	3.00	3.00	3.00
コロンビア	83	2.06	0.47	1.00	1.38	1.75	2.12	2.38	2.72	3.00
イングランド（英国）	85	2.84	0.22	2.00	2.62	2.75	2.88	3.00	3.00	3.00
ドイツ*	50	2.44	0.42	1.62	1.87	2.00	2.50	2.88	3.00	3.00
K-S-T（日本）	89	2.03	0.53	1.00	1.25	1.50	2.00	2.50	2.75	3.00
マドリード（スペイン）	85	2.62	0.29	1.62	2.25	2.38	2.62	2.88	3.00	3.00
メキシコ	103	2.24	0.42	1.00	1.75	2.00	2.25	2.62	2.75	3.00
上海（中国）	85	2.88	0.13	2.38	2.75	2.75	2.88	3.00	3.00	3.00

注：教材コードの構成要素「技能や手続きを練習する機会」は、1 セットの授業資料に対して分析者によって 1 ～ 3 の範囲で数値化されたスコアが平均化され、クラス単位の値を算出した。
ドイツ*は調査対象学校が便宜的標本であることを意味する。
出典：OECD, Global Teaching InSights Database.

付表 4.14　指標「ディスカッションの機会」のスコアの統計量

領域	指標	国・地域	集計方法[1]	数値化（スコア）の範囲	クラス数	平均スコア	標準偏差	最小スコア	パーセンタイル値					最大スコア
									10%	20%	50%	80%	90%	
対話（談話）	ディスカッションの機会	B-M-V（チリ）	最高スコア	1-2	98	1.02	0.07	1.00	1.00	1.00	1.00	1.00	1.00	1.25
		コロンビア	最高スコア	1-2	83	1.03	0.09	1.00	1.00	1.00	1.00	1.00	1.00	1.50
		イングランド（英国）	最高スコア	1-2	85	1.04	0.10	1.00	1.00	1.00	1.00	1.00	1.25	1.50
		ドイツ*	最高スコア	1-2	50	1.09	0.15	1.00	1.00	1.00	1.00	1.25	1.25	1.50
		K-S-T（日本）	最高スコア	1-2	89	1.02	0.06	1.00	1.00	1.00	1.00	1.00	1.00	1.25
		マドリード（スペイン）	最高スコア	1-2	85	1.00	0.03	1.00	1.00	1.00	1.00	1.00	1.00	1.25
		メキシコ	最高スコア	1-2	103	1.04	0.11	1.00	1.00	1.00	1.00	1.00	1.25	1.50
		上海（中国）	最高スコア	1-2	85	1.03	0.08	1.00	1.00	1.00	1.00	1.00	1.15	1.25

注：1. 指標「ディスカッションの機会」では、分析者によって数値化されたセグメントごとのスコアのうち最も高いスコアを代表値として平均化し、クラス単位の値を算出した。
ドイツ*は調査対象学校が便宜的標本であることを意味する。
出典：OECD, Global Teaching InSights Database.

付表 4.15　指標「ディスカッションの機会」のスコアごとのクラス数の割合（%）

領域	指標	国・地域	集計方法[1]	度数（指標のスコア）		％（指標のスコア）	
				スコア 1.0 ～ 1.5	スコア 1.5 ～ 2.0	スコア 1.0 ～ 1.5	スコア 1.5 ～ 2.0
対話（談話）	ディスカッションの機会	B-M-V（チリ）	最高スコア	98	0	100.0	0.0
		コロンビア	最高スコア	82	1	98.8	1.2
		イングランド（英国）	最高スコア	84	1	98.8	1.2
		ドイツ*	最高スコア	47	3	94.0	6.0
		K-S-T（日本）	最高スコア	89	0	100.0	0.0
		マドリード（スペイン）	最高スコア	85	0	100.0	0.0
		メキシコ	最高スコア	100	3	97.1	2.9
		上海（中国）	最高スコア	85	0	100.0	0.0

注：1. 指標「ディスカッションの機会」では、分析者によって数値化されたセグメントごとのスコアのうち最も高いスコアを代表値として平均化し、クラス単位の値を算出した。
ドイツ*は調査対象学校が便宜的標本であることを意味する。
出典：OECD, Global Teaching InSights Database.

付表 4.16　教材コードの構成要素「生徒による自己評価の促進」のスコアの統計量

国・地域	生徒による自己評価の促進									
	クラス数	平均値	標準偏差	最小値	パーセンタイル値					最大値
					10%	20%	50%	80%	90%	
B-M-V（チリ）	94	1.10	0.33	1.00	1.00	1.00	1.00	1.00	1.18	2.50
コロンビア	83	1.01	0.05	1.00	1.00	1.00	1.00	1.00	1.00	1.25
イングランド（英国）	85	1.15	0.29	1.00	1.00	1.00	1.00	1.25	1.50	2.50
ドイツ*	50	1.11	0.27	1.00	1.00	1.00	1.00	1.12	1.34	2.62
K-S-T（日本）	89	1.31	0.55	1.00	1.00	1.00	1.00	1.75	2.00	3.00
マドリード（スペイン）	85	1.02	0.08	1.00	1.00	1.00	1.00	1.00	1.00	1.50
メキシコ	103	1.09	0.27	1.00	1.00	1.00	1.00	1.00	1.32	2.83
上海（中国）	85	1.38	0.40	1.00	1.00	1.00	1.25	1.62	1.75	3.00

注：教材コードの構成要素「生徒による自己評価の促進」は、1セットの授業資料に対して分析者によって1～3の範囲で数値化されたスコアが平均化され、クラス単位の値を算出した。
ドイツ*は調査対象学校が便宜的標本であることを意味する。
出典：OECD, Global Teaching InSights Database.

第4章

付表 4.17　指標「メタ認知」のスコアの統計量

領域	指標	国・地域	集計方法[1]	数値化(スコア)の範囲	クラス数	平均スコア	標準偏差	最小スコア	パーセンタイル値					最大スコア
									10%	20%	50%	80%	90%	
生徒の認知的取り組み	メタ認知	B-M-V（チリ）	平均	1-3	98	1.00	0.01	1.00	1.00	1.00	1.00	1.00	1.00	1.06
		コロンビア	平均	1-3	83	1.07	0.10	1.00	1.00	1.00	1.04	1.14	1.22	1.45
		イングランド（英国）	平均	1-3	85	1.06	0.10	1.00	1.00	1.00	1.03	1.11	1.16	1.46
		ドイツ*	平均	1-3	50	1.04	0.07	1.00	1.00	1.00	1.00	1.05	1.12	1.30
		K-S-T（日本）	平均	1-3	89	1.13	0.13	1.00	1.00	1.04	1.09	1.21	1.31	1.63
		マドリード（スペイン）	平均	1-3	85	1.01	0.03	1.00	1.00	1.00	1.00	1.03	1.05	1.13
		メキシコ	平均	1-3	103	1.03	0.07	1.00	1.00	1.00	1.00	1.06	1.10	1.46
		上海（中国）	平均	1-3	85	1.08	0.12	1.00	1.00	1.00	1.00	1.20	1.25	1.55

注：1. 指標「メタ認知」では、分析者によって数値化されたセグメントごとのスコアのうち最も高いスコアを代表値として平均化し、クラス単位の値を算出した。
ドイツ*は調査対象学校が便宜的標本であることを意味する。
出典：OECD, Global Teaching InSights Database.

付表 4.18　指標「メタ認知」のスコアごとのクラス数の割合（％）

領域	指標	国・地域	集計方法[1]	度数（指標のスコア）			％（指標のスコア）		
				スコア1.0〜1.5	スコア1.5〜2.5	スコア2.5〜3.0	スコア1.0〜1.5	スコア1.5〜2.5	スコア2.5〜3.0
生徒の認知的取り組み	メタ認知	B-M-V（チリ）	平均	98	0	0	100.0	0.0	0.0
		コロンビア	平均	83	0	0	100.0	0.0	0.0
		イングランド（英国）	平均	85	0	0	100.0	0.0	0.0
		ドイツ*	平均	50	0	0	100.0	0.0	0.0
		K-S-T（日本）	平均	87	2	0	97.8	2.2	0.0
		マドリード（スペイン）	平均	85	0	0	100.0	0.0	0.0
		メキシコ	平均	103	0	0	100.0	0.0	0.0
		上海（中国）	平均	84	1	0	98.8	1.2	0.0

注：1. 指標「メタ認知」では、分析者によって数値化されたセグメントごとのスコアのうち最も高いスコアを代表値として平均化し、クラス単位の値を算出した。
ドイツ*調査対象学校が便宜的標本であることを意味する。
出典：OECD, Global Teaching InSights Database.

付表4.19［1/2］　指標「理解のためのテクノロジー」において各テクノロジーが授業内で用いられたクラス数の割合の統計量

領域	指標	国・地域	集計方法¹	数値化(スコア)の範囲	クラス数	平均スコア	標準偏差	最小スコア	パーセンタイル値 10%	20%	50%	80%	90%	最大スコア
生徒の認知的取り組み	理解のためのテクノロジー	B-M-V（チリ）	割合	1-4	98	30.57	33.61	0.00	0.00	0.00	21.88	64.95	85.63	100.00
		コロンビア	割合	1-4	83	22.96	32.66	0.00	0.00	0.00	0.00	55.36	76.43	100.00
		イングランド（英国）	割合	1-4	85	77.05	17.73	16.67	55.00	65.50	75.00	95.83	100.00	100.00
		ドイツ*	割合	1-4	50	38.88	34.66	0.00	0.00	0.00	35.80	75.45	95.05	100.00
		K-S-T（日本）	割合	1-4	89	6.87	16.84	0.00	0.00	0.00	0.00	4.17	30.00	80.36
		マドリード（スペイン）	割合	1-4	85	31.20	38.02	0.00	0.00	0.00	8.33	71.00	100.00	100.00
		メキシコ	割合	1-4	103	22.58	32.46	0.00	0.00	0.00	0.00	50.00	82.14	100.00
		上海（中国）	割合	1-4	85	84.97	29.11	0.00	34.00	81.00	100.00	100.00	100.00	100.00
	プロジェクター	B-M-V（チリ）	割合	1-2	98	0.43	3.72	0.00	0.00	0.00	0.00	0.00	0.00	36.67
		コロンビア	割合	1-2	83	0.07	0.46	0.00	0.00	0.00	0.00	0.00	0.00	3.13
		イングランド（英国）	割合	1-2	85	3.50	9.80	0.00	0.00	0.00	0.63	12.62	58.33
		ドイツ*	割合	1-2	50	18.69	22.06	0.00	0.00	0.00	8.71	37.50	44.15	87.50
		K-S-T（日本）	割合	1-2	89	0.23	1.45	0.00	0.00	0.00	0.00	0.00	0.00	12.50
		マドリード（スペイン）	割合	1-2	85	0.09	0.59	0.00	0.00	0.00	0.00	0.00	0.00	4.17
		メキシコ	割合	1-2	103	0.43	2.56	0.00	0.00	0.00	0.00	0.00	0.00	25.00
		上海（中国）	割合	1-2	85	11.58	15.91	0.00	0.00	0.00	4.17	20.00	35.00	60.00
	スマートボード	B-M-V（チリ）	割合	1-2	98	28.68	31.73	0.00	0.00	0.00	18.47	55.42	75.94	100.00
		コロンビア	割合	1-2	83	18.95	31.18	0.00	0.00	0.00	0.00	50.00	75.60	100.00
		イングランド（英国）	割合	1-2	85	84.91	19.42	10.71	61.98	75.00	92.86	100.00	100.00	100.00
		ドイツ*	割合	1-2	50	21.57	33.21	0.00	0.00	0.00	0.00	37.73	88.94	100.00
		K-S-T（日本）	割合	1-2	89	4.47	13.27	0.00	0.00	0.00	0.00	0.00	17.50	76.19
		マドリード（スペイン）	割合	1-2	85	29.08	37.49	0.00	0.00	0.00	0.00	70.00	98.00	100.00
		メキシコ	割合	1-2	103	19.73	31.27	0.00	0.00	0.00	0.00	46.43	78.17	100.00
		上海（中国）	割合	1-2	85	79.79	33.31	0.00	9.00	54.00	100.00	100.00	100.00	100.00
	グラフ電卓	B-M-V（チリ）	割合	1-2	98	0.18	1.16	0.00	0.00	0.00	0.00	0.00	0.00	10.00
		コロンビア	割合	1-2	83	0.00	0.00	0.00	0.00	0.00	0.00	0.00	0.00	0.00
		イングランド（英国）	割合	1-2	85	0.00	0.00	0.00	0.00	0.00	0.00	0.00	0.00	0.00
		ドイツ*	割合	1-2	50	2.63	9.52	0.00	0.00	0.00	0.00	0.00	2.93	54.09
		K-S-T（日本）	割合	1-2	89	0.00	0.00	0.00	0.00	0.00	0.00	0.00	0.00	0.00
		マドリード（スペイン）	割合	1-2	85	0.00	0.00	0.00	0.00	0.00	0.00	0.00	0.00	0.00
		メキシコ	割合	1-2	103	0.51	5.13	0.00	0.00	0.00	0.00	0.00	0.00	52.08
		上海（中国）	割合	1-2	85	0.06	0.54	0.00	0.00	0.00	0.00	0.00	0.00	5.00
	グラフ化の機能がない電卓	B-M-V（チリ）	割合	1-2	98	0.45	1.68	0.00	0.00	0.00	0.00	0.00	0.00	12.50
		コロンビア	割合	1-2	83	0.94	3.81	0.00	0.00	0.00	0.00	0.00	2.72	29.55
		イングランド（英国）	割合	1-2	85	4.07	6.55	0.00	0.00	0.00	0.00	10.14	14.71	25.00
		ドイツ*	割合	1-2	50	0.50	2.66	0.00	0.00	0.00	0.00	0.00	0.00	18.33
		K-S-T（日本）	割合	1-2	89	0.00	0.00	0.00	0.00	0.00	0.00	0.00	0.00	0.00
		マドリード（スペイン）	割合	1-2	85	0.57	1.76	0.00	0.00	0.00	0.00	0.00	2.14	10.00
		メキシコ	割合	1-2	103	0.45	2.35	0.00	0.00	0.00	0.00	0.00	0.00	17.86
		上海（中国）	割合	1-2	85	0.00	0.00	0.00	0.00	0.00	0.00	0.00	0.00	0.00

注：1. 指標「理解のためのテクノロジー」は、分析者によって1～4の範囲で数値化され、教室のテクノロジー9つ（電気を必要とする道具）は、1～2の範囲で数値化された。本分析では、各分析者がスコア1以上を割り当てたセグメントの割合を求め、クラス単位の平均スコアを算出することで、テクノロジーが一般的に使われている教室（指標「理解のためのテクノロジー」）と、各テクノロジーが使われている教室のセグメントごとの割合を求めた。
ドイツ*は調査対象学校が便宜的標本であることを意味する。
出典：OECD, Global Teaching InSights Database.

第4章

付表 4.19 [2/2]　指標「理解のためのテクノロジー」において各テクノロジーが授業内で用いられたクラス数の割合の統計量

領域	指標	国・地域	集計方法[1]	数値化(スコア)の範囲	クラス数	平均スコア	標準偏差	最小スコア	パーセンタイル値					最大スコア
									10%	20%	50%	80%	90%	
生徒の認知的取り組み	コンピューターやノートパソコン	B-M-V (チリ)	割合	1-2	98	0.72	2.95	0.00	0.00	0.00	0.00	0.00	0.00	18.75
		コロンビア	割合	1-2	83	1.54	5.44	0.00	0.00	0.00	0.00	0.00	2.95	32.29
		イングランド (英国)	割合	1-2	85	0.41	2.91	0.00	0.00	0.00	0.00	0.00	0.00	25.00
		ドイツ*	割合	1-2	50	0.42	1.78	0.00	0.00	0.00	0.00	0.00	0.00	10.00
		K-S-T (日本)	割合	1-2	89	1.29	5.34	0.00	0.00	0.00	0.00	0.00	0.00	25.00
		マドリード (スペイン)	割合	1-2	85	0.87	3.09	0.00	0.00	0.00	0.00	0.00	0.00	19.17
		メキシコ	割合	1-2	103	1.90	6.54	0.00	0.00	0.00	0.00	0.00	2.86	33.33
		上海 (中国)	割合	1-2	85	0.05	0.45	0.00	0.00	0.00	0.00	0.00	0.00	4.17
	テレビ	B-M-V (チリ)	割合	1-2	98	0.15	1.52	0.00	0.00	0.00	0.00	0.00	0.00	15.00
		コロンビア	割合	1-2	83	2.62	10.93	0.00	0.00	0.00	0.00	0.00	0.00	60.00
		イングランド (英国)	割合	1-2	85	0.00	0.00	0.00	0.00	0.00	0.00	0.00	0.00	0.00
		ドイツ*	割合	1-2	50	0.00	0.00	0.00	0.00	0.00	0.00	0.00	0.00	0.00
		K-S-T (日本)	割合	1-2	89	2.03	7.41	0.00	0.00	0.00	0.00	0.00	0.00	45.83
		マドリード (スペイン)	割合	1-2	85	0.49	3.24	0.00	0.00	0.00	0.00	0.00	0.00	25.00
		メキシコ	割合	1-2	103	1.33	7.99	0.00	0.00	0.00	0.00	0.00	0.00	71.43
		上海 (中国)	割合	1-2	85	0.59	5.42	0.00	0.00	0.00	0.00	0.00	0.00	50.00
	タブレット	B-M-V (チリ)	割合	1-2	98	0.00	0.00	0.00	0.00	0.00	0.00	0.00	0.00	0.00
		コロンビア	割合	1-2	83	0.21	1.60	0.00	0.00	0.00	0.00	0.00	0.00	14.29
		イングランド (英国)	割合	1-2	85	0.49	2.69	0.00	0.00	0.00	0.00	0.00	0.00	20.00
		ドイツ*	割合	1-2	50	0.46	3.28	0.00	0.00	0.00	0.00	0.00	0.00	23.21
		K-S-T (日本)	割合	1-2	89	0.85	4.36	0.00	0.00	0.00	0.00	0.00	0.00	33.33
		マドリード (スペイン)	割合	1-2	85	2.41	8.93	0.00	0.00	0.00	0.00	0.00	4.43	54.17
		メキシコ	割合	1-2	103	0.20	1.36	0.00	0.00	0.00	0.00	0.00	0.00	12.50
		上海 (中国)	割合	1-2	85	0.41	3.29	0.00	0.00	0.00	0.00	0.00	0.00	30.00
	携帯電話	B-M-V (チリ)	割合	1-2	98	0.03	0.25	0.00	0.00	0.00	0.00	0.00	0.00	2.50
		コロンビア	割合	1-2	83	0.05	0.46	0.00	0.00	0.00	0.00	0.00	0.00	4.17
		イングランド (英国)	割合	1-2	85	0.00	0.00	0.00	0.00	0.00	0.00	0.00	0.00	0.00
		ドイツ*	割合	1-2	50	0.30	1.57	0.00	0.00	0.00	0.00	0.00	0.00	10.00
		K-S-T (日本)	割合	1-2	89	0.00	0.00	0.00	0.00	0.00	0.00	0.00	0.00	0.00
		マドリード (スペイン)	割合	1-2	85	1.43	5.20	0.00	0.00	0.00	0.00	0.00	2.50	34.17
		メキシコ	割合	1-2	103	0.06	0.48	0.00	0.00	0.00	0.00	0.00	0.00	4.17
		上海 (中国)	割合	1-2	85	2.19	6.92	0.00	0.00	0.00	0.00	0.00	3.75	35.00
	電気を必要とするテクノロジーの利用はない	B-M-V (チリ)	割合	1-2	98	70.32	32.12	0.00	21.06	41.22	77.95	100.00	100.00	100.00
		コロンビア	割合	1-2	83	77.32	32.29	0.00	20.55	44.97	100.00	100.00	100.00	100.00
		イングランド (英国)	割合	1-2	85	11.41	14.84	0.00	0.00	0.00	7.14	19.26	33.75	70.83
		ドイツ*	割合	1-2	50	60.90	34.42	0.00	8.00	27.33	64.20	98.00	100.00	100.00
		K-S-T (日本)	割合	1-2	89	93.07	17.17	23.81	67.62	100.00	100.00	100.00	100.00	100.00
		マドリード (スペイン)	割合	1-2	85	68.02	37.11	0.00	1.67	30.00	85.71	100.00	100.00	100.00
		メキシコ	割合	1-2	103	77.54	31.69	0.00	21.83	50.00	100.00	100.00	100.00	100.00
		上海 (中国)	割合	1-2	85	14.58	29.44	0.00	0.00	0.00	0.00	19.05	56.50	100.00

注：1. 指標「理解のためのテクノロジー」は、分析者によって1〜4の範囲で数値化され、教室のテクノロジー9つ（電気を必要とする道具）は、1〜2の範囲で数値化された。本分析では、各分析者がスコア1以上を割り当てたセグメントの割合を求め、クラス単位の平均スコアを算出することで、テクノロジーが一般的に使われている教室（指標「理解のためのテクノロジー」）と、各テクノロジーが使われている教室のセグメントごとの割合を求めた。
ドイツ*は調査対象学校が便宜的標本であることを意味する。
出典：OECD, Global Teaching InSights Database.

付表 4.20　「教科内容の質」領域における各指標のスコアの統計量

領域	指標	国・地域	集計方法[1]	数値化（スコア）の範囲	クラス数	平均スコア	標準偏差	最小スコア	パーセンタイル値					最大スコア
									10%	20%	50%	80%	90%	
教科内容の質	現実世界とのつながり	B-M-V（チリ）	最大スコア	1-3	98	1.30	0.42	1.00	1.00	1.00	1.25	1.50	2.00	3.00
		コロンビア	最大スコア	1-3	83	1.46	0.49	1.00	1.00	1.00	1.25	2.00	2.00	2.75
		イングランド（英国）	最大スコア	1-3	85	1.15	0.31	1.00	1.00	1.00	1.00	1.25	1.50	2.50
		ドイツ*	最大スコア	1-3	50	1.57	0.50	1.00	1.00	1.00	1.50	2.00	2.25	2.50
		K-S-T（日本）	最大スコア	1-3	89	1.35	0.39	1.00	1.00	1.00	1.25	1.75	2.00	2.25
		マドリード（スペイン）	最大スコア	1-3	85	1.23	0.40	1.00	1.00	1.00	1.00	1.50	1.75	2.75
		メキシコ	最大スコア	1-3	103	1.50	0.51	1.00	1.00	1.00	1.50	2.00	2.20	3.00
		上海（中国）	最大スコア	1-3	85	1.22	0.37	1.00	1.00	1.00	1.00	1.50	1.75	2.75
	数学の他の単元とのつながり	B-M-V（チリ）	最大スコア	1-3	98	1.40	0.35	1.00	1.00	1.00	1.25	1.75	1.75	2.75
		コロンビア	最大スコア	1-3	83	1.48	0.40	1.00	1.00	1.10	1.50	1.75	2.00	2.75
		イングランド（英国）	最大スコア	1-3	85	1.27	0.30	1.00	1.00	1.00	1.25	1.50	1.75	2.00
		ドイツ*	最大スコア	1-3	50	1.48	0.35	1.00	1.00	1.25	1.50	1.75	2.00	2.25
		K-S-T（日本）	最大スコア	1-3	89	1.39	0.36	1.00	1.00	1.00	1.25	1.75	2.00	2.25
		マドリード（スペイン）	最大スコア	1-3	85	1.65	0.35	1.00	1.25	1.25	1.50	2.00	2.25	2.25
		メキシコ	最大スコア	1-3	103	1.44	0.46	1.00	1.00	1.00	1.25	1.75	2.00	2.75
		上海（中国）	最大スコア	1-3	85	1.43	0.33	1.00	1.00	1.00	1.50	1.75	1.75	2.25
	数学についてのまとめ	B-M-V（チリ）	最大スコア	1-3	98	1.68	0.50	1.00	1.00	1.25	1.75	2.00	2.50	3.00
		コロンビア	最大スコア	1-3	83	1.52	0.46	1.00	1.00	1.00	1.50	2.00	2.25	2.75
		イングランド（英国）	最大スコア	1-3	85	1.35	0.36	1.00	1.00	1.00	1.25	1.75	1.75	2.50
		ドイツ*	最大スコア	1-3	50	1.65	0.46	1.00	1.25	1.25	1.50	2.00	2.25	2.75
		K-S-T（日本）	最大スコア	1-3	89	2.16	0.46	1.00	1.50	1.75	2.25	2.50	2.75	3.00
		マドリード（スペイン）	最大スコア	1-3	85	1.29	0.35	1.00	1.00	1.00	1.25	1.50	1.75	2.75
		メキシコ	最大スコア	1-3	103	1.39	0.48	1.00	1.00	1.00	1.25	1.75	2.00	2.75
		上海（中国）	最大スコア	1-3	85	2.74	0.28	1.75	2.50	2.50	2.75	3.00	3.00	3.00

注：1. これらの指標では、分析者によって数値化されたセグメントごとのスコアのうち最も高いスコアを代表値として平均化し、クラス単位の値を算出した。
ドイツ*は調査対象学校が便宜的標本であることを意味する。
出典：OECD, Global Teaching InSights Database.

第4章

付表 4.21　「教科内容の質」領域における各指標のスコアごとのクラス数の割合（%）

領域	指標	国・地域	集計方法[1]	度数（指標のスコア）			%（指標のスコア）		
				スコア 1.0〜1.5	スコア 1.5〜2.5	スコア 2.5〜3.0	スコア 1.0〜1.5	スコア 1.5〜2.5	スコア 2.5〜3.0
教科内容の質	現実世界とのつながり	B-M-V（チリ）	最大スコア	68	28	2	69.4	28.6	2.0
		コロンビア	最大スコア	43	35	5	51.8	42.2	6.0
		イングランド（英国）	最大スコア	71	13	1	83.5	15.3	1.2
		ドイツ*	最大スコア	20	27	3	40.0	54.0	6.0
		K-S-T（日本）	最大スコア	57	32	0	64.0	36.0	0.0
		マドリード（スペイン）	最大スコア	62	20	3	72.9	23.5	3.5
		メキシコ	最大スコア	49	47	7	47.6	45.6	6.8
		上海（中国）	最大スコア	62	21	2	72.9	24.7	2.4
	数学の他の単元とのつながり	B-M-V（チリ）	最大スコア	52	44	2	53.1	44.9	2.0
		コロンビア	最大スコア	39	41	3	47.0	49.4	3.6
		イングランド（英国）	最大スコア	62	23	0	72.9	27.1	0.0
		ドイツ*	最大スコア	21	29	0	42.0	58.0	0.0
		K-S-T（日本）	最大スコア	50	39	0	56.2	43.8	0.0
		マドリード（スペイン）	最大スコア	18	67	0	21.2	78.8	0.0
		メキシコ	最大スコア	53	43	7	51.5	41.7	6.8
		上海（中国）	最大スコア	38	47	0	44.7	55.3	0.0
	数学についてのまとめ	B-M-V（チリ）	最大スコア	32	54	12	32.7	55.1	12.2
		コロンビア	最大スコア	39	40	4	47.0	48.2	4.8
		イングランド（英国）	最大スコア	53	31	1	62.4	36.5	1.2
		ドイツ*	最大スコア	16	30	4	32.0	60.0	8.0
		K-S-T（日本）	最大スコア	2	55	32	2.2	61.8	36.0
		マドリード（スペイン）	最大スコア	61	23	1	71.8	27.1	1.2
		メキシコ	最大スコア	61	36	6	59.2	35.0	5.8
		上海（中国）	最大スコア	0	7	78	0.0	8.2	91.8

注：1. これらの指標では、分析者によって数値化されたセグメントごとのスコアのうち最も高いスコアを代表値として平均化し、クラス単位の値を算出した。
ドイツ*は調査対象学校が便宜的標本であることを意味する。
出典：OECD, Global Teaching InSights Database.

付表 4.22　授業目標の設定に関する認識についての教員・生徒への質問紙調査の集計結果

二次方程式の単元で授業の始めに目標を設定したことがしばしばまたはいつも行われたと報告した教員と生徒の割合（%）

国・地域	数学の先生は、授業の始めに目標を設定した	
	教員	生徒
B-M-V（チリ）	97	87
コロンビア	80	73
イングランド（英国）	79	68
ドイツ*	62	32
K-S-T（日本）	86	80
マドリード（スペイン）	71	66
メキシコ	91	74
上海（中国）	100	86

注：事後調査の質問紙調査で、二次方程式の単元で「（数学の先生は）授業の始めに目標を設定した」ことが「しばしば」または「いつも」行われたと報告した教員と生徒それぞれの割合を求めている。設問内容は同様であるが、教員質問紙では「数学の先生は」が「私」に置き換えられている。
ドイツ*は調査対象学校が便宜的標本であることを意味する。
出典：OECD, Global Teaching InSights Database.

第 **5** 章

学習の機会

調査結果のポイント

　参加国・地域において、調査対象単元がどの程度似かよった方法で指導されているのか、また、学習時間および内容がどの程度異なっているのかを理解することは重要である。本章では、調査対象単元である「二次方程式」に関して、授業資料（指導案、視聴覚教材、プリント、宿題等を含む）、教員質問紙、生徒質問紙等の分析結果を基に、参加国・地域における指導方法や授業における学習の機会の違いを報告する。主要な結果は以下であった。

- 二次方程式の単元の授業時間について、K-S-T（日本）、ドイツ*、上海（中国）では、ナショナルカリキュラム、教科書、指導書等で意図された時間数に近い時間数で実際の授業が行われていた。

- 二次方程式の単元の総授業時間は参加国・地域の間に大きな差があり、教員の報告によると、コロンビア、イングランド（英国）、メキシコ、上海（中国）では約6〜8時間、B-M-V（チリ）、ドイツ*、K-S-T（日本）では約10〜14時間であった。

- 指導案等の授業資料の中で、二次方程式の解法に関連する記述で最も多かったのは、イングランド（英国）とK-S-T（日本）では「因数分解」であり、マドリード（スペイン）、メキシコ、ドイツ*では「解の公式」であった。

- 授業資料の分析から、二次方程式の指導においては、メキシコを除いた全ての参加国・地域で「代数的な手続き」が重視されており、加えて、K-S-T（日本）、ドイツ*、メキシコでは、「現実世界への応用」も重視されていた。

- どの参加国・地域でも、二次方程式の単元の開始時（第1フェーズ）は様々な種類の二次方程式の導入から始まった。単元の中間（第2フェーズ）では二次方程式の解の公式が多く取り入れられ、単元の終盤（第3フェーズ）では、応用が重視される傾向が見られた。K-S-T（日本）では、この傾向が最も明確で、第1フェーズで二次方程式の導入、第2フェーズで解の公式、第3フェーズで応用の展開が最もはっきりと表れていた。

5.1 ｜ カリキュラムの比較

　生徒が授業で何を学ぶかは、カリキュラムで示される。カリキュラムは、目的、内容、そして期待される学校教育の成果を規定し、教育のビジョンを掲げる。カリキュラム開発は、国や地域ごとにそれぞれ異なる優先順位のもとで進められ、実に多様である。一方で、国際的な調査において、参加国・地域間でのこのようなばらつきは、国際比較を困難にする要因である。また、カリキュラムの内容と実際に行われた授業とが異なることも多い。

　表5.1は参加国・地域の二次方程式のカリキュラムと教員が報告した授業の特徴を示している。表5.1の意図された値（intended values）については、各国の数学教育の専門家が提供したナショナルカリキュラム、教科書や指導書等で期待された値である。生徒が二次方程式の単元を初めて学習する年齢は、カリキュラム上では、コロンビア、イングランド（英国）、ドイツ*、K-S-T（日本）、マドリード（スペイン）、メキシコ、上海（中国）ではおよそ14歳だが、B-M-V（チリ）は16歳であった。また、二次方程式の単元の総授業時間は、コロンビア、イングランド（英国）、メキシコ、上海（中国）では約6〜8時間、B-M-V（チリ）、ドイツ*、K-S-T（日本）では約10〜14時間費やしていると報告された（付表5.1）。K-S-T（日本）、ドイツ*、上海（中国）では、ナショナルカリキュラム、教科書、指導書等で意図（期待）された授業時間に近い時間数で実際の授業が実施されていた（表5.1）。K-S-T（日本）、マドリード（スペイン）、メキシコ、上海（中国）では、グラフを用いた教材が二次方程式の単元に組み込まれておらず、K-S-T（日本）と上海（中国）については、実施した授業でもグラフが用いられている教材を使用した報告はなかった。

表5.1　二次方程式に関する意図された・実施されたカリキュラムの特徴

	学年		生徒の年齢		授業数（コマ数）		調査対象単元がグラフを用いた教材（二次関数）を含む	
	意図された値	実際の値	意図された値	実際の値	意図された値	実際の値	意図された値	実際の値
B-M-V（チリ）	11	11	16	16.5	15	9 (max. 25)	含む	含む
コロンビア	9	9	14	15.1	16	6 (max. 18)	含む	含む
イングランド（英国）	8–10	8	14–15	14.8	6–12	7 (max. 15)	含む	含む
ドイツ*	8–10	9	14–15	14.9	11	13 (max. 19)	含む	含む
K-S-T（日本）	9	9	14	14.8	13	12 (max. 18)	含まない	含まない
マドリード（スペイン）	9	8	14	13.7	6	(Range 1–14)	含まない	含む
メキシコ	9	9	14	14.7	8–10	7 (max. 14)	含まない	含む
上海（中国）	8	8	14	13.6	10	10 (max. 12)	含まない	含まない

注：意図された値（intended values）については、各国の数学教育の専門家が提供したナショナルカリキュラム、教科書や指導書等で期待された値であり、2016年6月時点の情報を基にしている。
実際の値（implemented values）については、GTIのデータを基に算出された。詳しくは、GTIのテクニカルレポート（チャプター2）を参照のこと。
ドイツ*は調査対象学校が便宜的標本であることを意味する。
出典：OECD, Global Teaching InSights Database.

5.2 ┃ 二次方程式の学習の比較

　GTI では、二次方程式の解き方として、因数分解、解の公式、平方完成、グラフの利用の 4 つに注目している。ここで、グラフの利用とは $f(x) = 0$ のときの x の値を使う場合である。

　図 5.1 は、二次方程式の解法に関して、授業資料の中に上記の 4 つの方法の使用が見られた割合を参加国・地域ごとに示している。指導案等の授業資料の中で、二次方程式の解法に関連する記述で最も多かったのは、イングランド（英国）と K-S-T（日本）では「因数分解」であり、マドリード（スペイン）、メキシコ、ドイツ*では「解の公式」であった。ドイツ*、K-S-T（日本）、上海（中国）では「平方完成」が比較的好まれる傾向にあった。コロンビア、イングランド（英国）、ドイツ*では「グラフの利用」が多く用いられていた。K-S-T（日本）と上海（中国）では、「グラフの利用」は用いられていなかった。

　教員は二次方程式の解き方を生徒に教えるだけでなく、より深く理解するための学習の機会を与えることができる。例えば、様々な二次方程式を比較させたり、実数解は 1 つか 2 つか、あるいはないのかを推論させたりすることで、生徒の概念的な理解は深まる。また、道路や囲まれた土地の面積などを題材にした問題や、自動車が一定時間加速しながら移動する距離を計算する問題などは、現実世界への応用を通じて二次方程式を学ぶことができる。授業資料を分析した結果、二次方程式の指導においては、メキシコを除いた全ての参加国・地域で「代数的な手続き」が重視されていた。加えて、K-S-T（日本）、ドイツ*、メキシコでは、「現実世界への応用」に関する学習の機会が高い割合を占めていた。また、B-M-V（チリ）、マドリード（スペイン）、上海（中国）では、方程式の種類や解について「推論」する機会が多く、イングランド（英国）、ドイツ*では「関数」が比較的多く使われていた（図 5.2）。

図5.1　二次方程式の各解法が示された授業資料セットの割合（%）

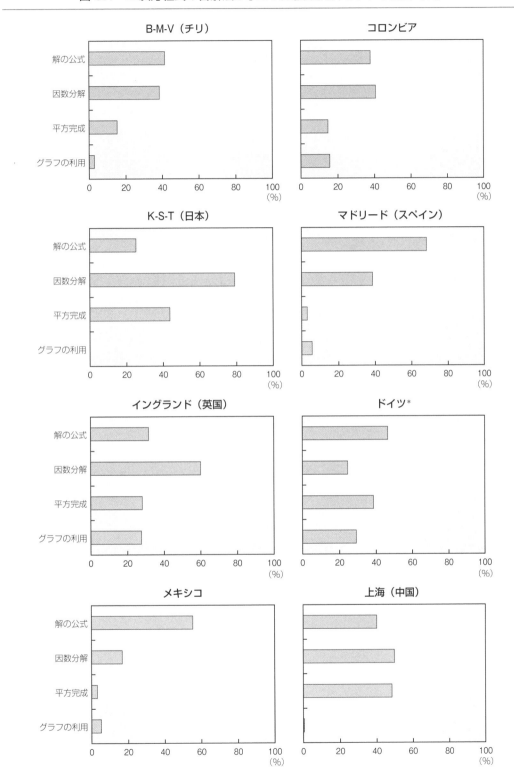

注：教材等の授業資料にその解法に関する記述等がある授業の割合を示している。
ドイツ*は調査対象学校が便宜的標本であることを意味する。
出典：OECD, Global Teaching InSights Database.

図 5.2　授業資料に 4 種類の学習の機会が示された授業の割合（%）

代数的な手続き・現実世界への応用・関数・推論の 4 種類の学習の機会について

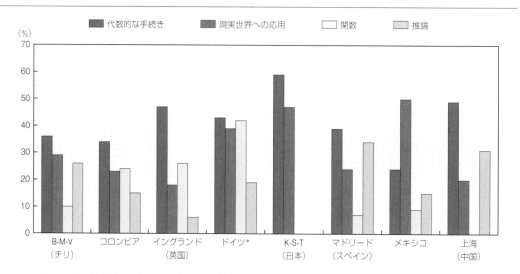

注：授業資料に 4 種類の学習の機会が示された授業の割合。「代数的な手続き」は、代数式、因数分解、平方完成と解の公式を含む。「関数」は二次関数のグラフ、グラフの利用を含む。「推論」は、方程式と解の種類（解が 1 つか 2 つか、あるいはなし）を含む。ドイツ*は調査対象校が便宜的標本であることを意味する。
出典：OECD, Global Teaching InSights Database.

5.3 ┃ 二次方程式の授業展開の比較

　学習内容の順序や構成を考えることは、指導における大きな課題の一つである。

　GTI では二次方程式の単元における各授業の学習内容について、調査対象の教員から報告（学習内容記録用紙と呼ばれる）を得ており、これを基にした分析がなされた。図 5.3 は、二次方程式の単元における学習の流れに関する分析の概要である。分析においては、単元開始から単元終了までを 3 つのフェーズに分け（第 1 フェーズは単元の開始から 33% の授業、第 2 フェーズはその後の 33% の授業、そして第 3 フェーズは残りの授業）、各フェーズにおいて、特に、「二次方程式の導入」、「解の公式」、「応用」、「関数」の指導がなされた程度を示している。これによって、二次方程式の単元における典型的な学習指導の展開を説明した。その結果、どの参加国・地域でも、二次方程式の単元の開始時は様々な種類の二次方程式の導入から単元が始まり、その頻度はフェーズを経て減少し、第 2 フェーズでは二次方程式の解の公式が多く取り入れられ、第 3 フェーズでは、応用が重視される傾向が見られた。K-S-T（日本）では、この傾向が最も明確で、第 1 フェーズで二次方程式の導入、第 2 フェーズで解の公式、第 3 フェーズで応用の展開が最もはっきりと表れていた。一方、メキシコではそれほど明確な授業展開は表れなかった。なお、マドリード（スペイン）は、学習内容記録用紙に分析に足りるだけの十分な記録がなかったため、本分析からは除外されている。

図 5.3　二次方程式の単元における学習指導の展開

単元を 3 フェーズにわけた各フェーズにおける学習指導の展開（教員の報告を基にした分析）

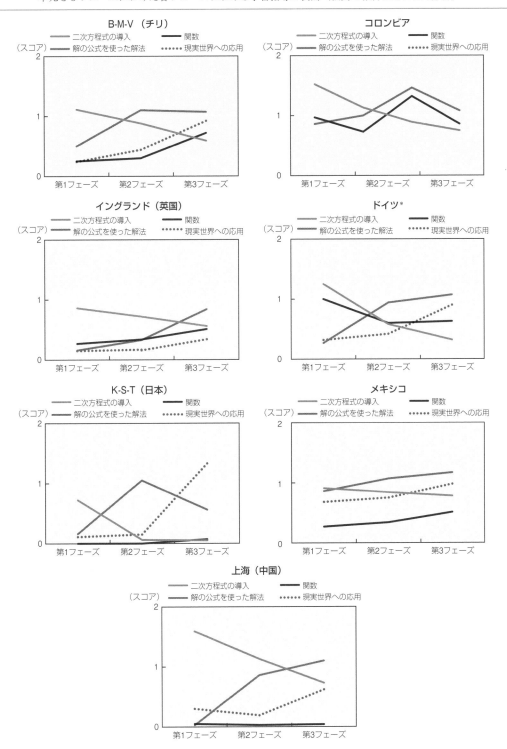

第5章

注：縦軸のスコア 0 は、その学習事項が各フェーズで指導されなかったことを、スコア 2 はその学習事項がフェーズ内の各授業の主たる学習
内容であったことを示している。
ドイツ * は調査対象学校が便宜的標本であることを意味する。
出典：OECD, Global Teaching InSights Database.

第5章の付表

付表5.1　教員の報告による二次方程式の単元の総授業時間と平均期間

	対象単元の総授業時間（単位：時間）		対象単元の平均期間（単位：日）[1]
	平均値	標準偏差	
B-M-V（チリ）	13.88	6.79	39.36
コロンビア	5.56	2.69	15.31
イングランド（英国）	7.55	2.22	16.33
ドイツ*	13.07	3.24	46.16
K-S-T（日本）	9.99	2.86	69.02
マドリード（スペイン）[2]	2.19	1.89	3.34
メキシコ	6.47	2.95	19.23
上海（中国）	6.09	1.28	14.55

注：1. 学習内容記録用紙から報告された調査対象単元の開始日と終了日の間の日数（数学の授業がない日も含む）。K-S-T（日本）では、二次方程式の単元の学習時期が夏休みをまたいだクラスが多かった。
2. マドリード（スペイン）では、学習内容記録用紙への記入が1行しかなかった教員が50%以上だったため、「学習の機会」を示すデータとして妥当ではないと判断し、本報告書ではマドリード（スペイン）のデータは解釈しないこととした。
ドイツ*は調査対象学校が便宜的標本であることを意味する。
出典：OECD, Global Teaching InSights Database.

第 **6** 章

指導実践と生徒の成果の関係

調査結果のポイント

　本章では、これまでの章で説明した指導実践の３つの領域（「授業運営」、「社会的・情緒的支援」、「教科指導」）が、生徒の学習成果についての３つの異なる評価基準（学力、数学への興味・関心、自己効力感）とどう関係があるかを検討し報告する。主要な結果は以下であった。

第6章

- 二次方程式学習後の数学のテストの得点が高い生徒は、質の高い指導実践が観察された授業を受けている傾向があった。特に、得点が高いクラスと低いクラスとで指導実践の質の差が大きかったのは B-M-V（チリ）、イングランド（英国）、メキシコだった。一方で、生徒の社会経済的背景や二次方程式学習前の数学のテストの点数を考慮したところ、指導実践と数学のテストの得点の間に統計的有意な関連が示されたのはコロンビアだけであった。
- 参加国・地域の半数で、教員が社会的・情緒的支援がある環境を作った場合、生徒は数学により興味・関心をもつ傾向があった。「社会的・情緒的支援」領域のスコアが１大きくなると、「生徒の数学への関心」のスコア（スコアの範囲は１〜４）が 0.1 〜 0.3 大きくなる傾向が見られた。
- メキシコと上海（中国）では、「授業運営」、「社会的・情緒的支援」、「教科指導」の各領域全体のスコアは全て生徒の自己効力感に対して有意な予測因子であった。各領域におけるスコアが１大きくなると、自己効力感についてのスコア（スコアの範囲は１〜４）が 0.2 〜 0.6 大きくなる傾向が見られた。

6.1 | 指導実践と学力の関係

　学習内容の習得は、生徒が次の段階の学習内容を理解したりキャリアを形成したりするために、欠かせない基礎である。生徒の学習を進めるため、学習指導は学校における教育活動で最も重要といえる（Chetty, Friedman, Rockoff(2014); McCaffrey 他 (2003)）。GTI では、参加国・地域全体で、3つの領域（「授業運営」、「社会的・情緒的支援」、「教科指導」）に対して、それぞれの程度や頻度を基に指導実践を数値化した。そして、それらの数値化した指導実践と生徒の事前調査・事後調査の数学のテストの得点との関連について調べ、生徒の数学のテストの得点が高い授業では、どの指導実践がよく行われているかを明らかにした。

　調査対象単元である二次方程式の単元の学習前と学習後に、生徒の数学の知識を評価するために数学のテストが実施された。事前調査の数学のテストは、それまでに学習している数学の一般的知識について 30 の設問で構成され、事後調査の数学のテストは、二次方程式に関連する知識に焦点を当てた 24 の設問（因数分解、平方完成等）で構成された。生徒の数学のテストの結果は、IRT（項目反応理論）の方法を用いて 100 点～ 300 点の範囲で尺度化された（平均値 200 点、標準偏差 25 点）。分析は、回帰モデルを用いて、事後調査の数学のテストの得点を目的変数として学習の成果と捉え、他の特性等のバイアスを考慮に入れず、指導実践の各領域のスコアを説明変数とした「学力レベルモデル」、そして事前調査の数学のテストの得点、生徒の特性等を考慮に入れた「学力伸長モデル」の2つのパターンについて検討した（図 6.1, 図 6.3）。その結果、学力レベルモデルでは、多くの参加国・地域で指導実践と事後調査の数学のテストの得点に統計的有意な関連が認められた。特に、B-M-V（チリ）、コロンビア、K-S-T（日本）、メキシコ、上海（中国）では、「教科指導」領域のスコアが高いクラスの生徒は、二次方程式の知識を問う得点が同学年の生徒の平均よりも高かった。また、「授業運営」領域においては、イングランド（英国）と K-S-T（日本）において、事後調査の数学のテストの得点との間に統計的有意な関連が認められ、ともに「授業運営」領域が事後調査の数学のテストの得点への高い予測因子となっていた。「社会的・情緒的支援」領域においてはメキシコでのみ統計的に有意な関連が認められた。

　また、事前調査の数学のテストの得点が中央値より高いクラスと、中央値より低いクラスで、「教科指導」領域全体のスコアの差を比較した。その結果、イングランド（英国）、B-M-V（チリ）、メキシコでは統計的な有意差が認められた一方で、K-S-T（日本）では、事前調査の数学のテストの得点の上位群と下位群のクラスの間に統計的に有意な差は認められなかった（図 6.2）。

図6.1　指導実践と事後調査における数学のテストの得点との関係

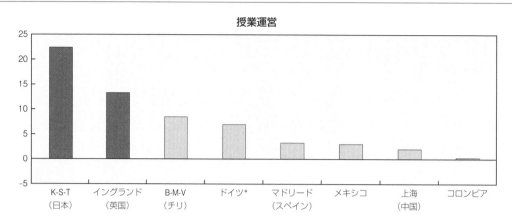

授業運営

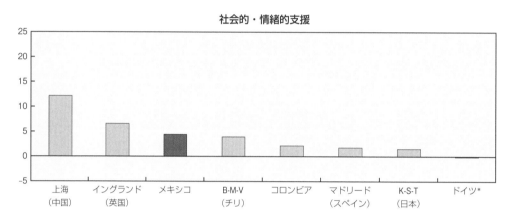

社会的・情緒的支援

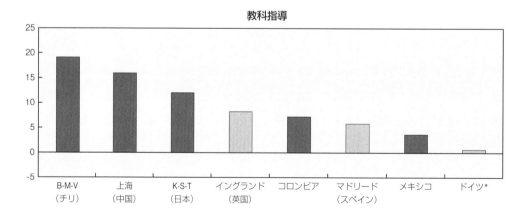

教科指導

注：グラフは、参加国・地域の、授業運営、社会的・情緒的支援、教科指導領域のスコアが 1 増加したときに事後調査の数学のテストの得点がどれだけ増加または減少したかを示す値（回帰係数）。グラフの配色が濃い青色の国・地域は、事後調査の数学のテストの得点と各領域の関連が 5％水準で統計的に有意であったことを示している。数学のテストの結果は、IRT（項目反応理論）の方法を用いて 100 点～ 300 点の範囲で尺度化された（平均値 200 点、標準偏差 25 点）。
ドイツ＊は調査対象学校が便宜的標本であることを意味する。
国・地域は、回帰係数の大きい順に並べてある。
出典：OECD, Global Teaching InSights Database.

図 6.2　事前調査における数学のテストの得点が上位のクラスと下位のクラスの指導実践の比較

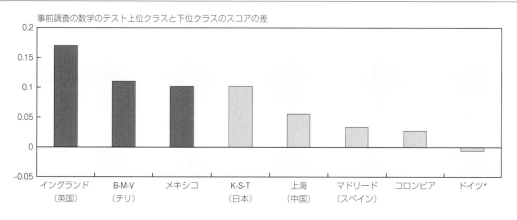

注：グラフは、参加国・地域の事前調査の数学のテストの平均点が上位（中央値以上）のクラスと下位（中央値より低い）クラスの、教科指導領域全体のスコアの差を示した。グラフの配色が濃い国・地域は、平均点が下位のクラスと上位のクラスの差が 5％水準で統計的に有意であることを示している。国・地域は、上位クラスと下位クラスのスコアの差が大きい順に並べている。教科指導領域のスコアは 1 ～ 4 の範囲で、事前調査・事後調査の数学のテストの得点は 100 ～ 300 点の範囲である。
ドイツ*は調査対象学校が便宜的標本であることを意味する。
出典：OECD, Global Teaching InSights Database.

　続いて、生徒の事後調査の数学のテストの得点を、生徒の背景や事前調査の数学のテストの得点を考慮して学習の成果とした場合の「学力伸長モデル」について検討した。回帰モデルの調整変数は、生徒の事前調査の数学テストの得点に加え、生徒の家庭で所有している物の状況、移民の背景、親の最終学歴、そして、事前調査と背景に関する測定値のクラス平均とした。その結果、コロンビアのみが、指導実践の領域が生徒の学力伸長を説明する予測因子となった。コロンビアでは、「社会的・情緒的支援」領域（$p<0.05$）および「教科指導」領域（$p<0.01$）の指導実践の質が学力伸長との関連を示した。この結果は、生徒の事前調査の数学のテストの得点とその他の背景の特性を調整することで、指導実践と生徒の得点との関連は小さくなるという Carnoy 他（2016）の報告を支持するものであった。なお、この結果を読み取る際には、調査設計上の注意点を念頭に置く必要がある。まず、生徒の学習到達度が生徒の背景的特性をより多く反映している可能性と、もう一点は、生徒の学力伸長を評価するための、対象単元の学習を観察する期間（学力伸長を観察する期間）が短いことが挙げられる。

第6章

図 6.3　事前調査から事後調査への数学のテストの得点の伸長と指導実践の関係

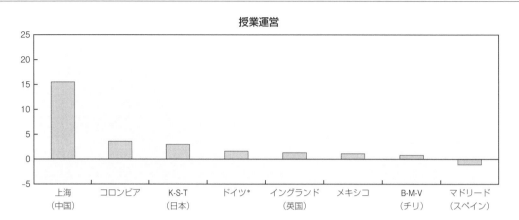

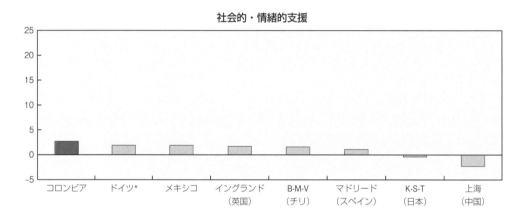

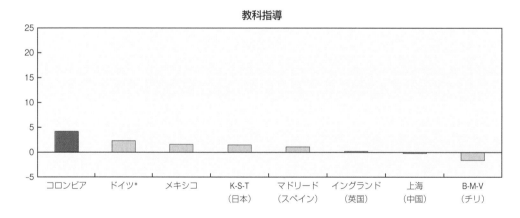

注：グラフは、参加国・地域の、授業運営、社会的・情緒的支援、教科指導領域のスコアが 1 増加したときに、数学のテストの得点がどの程度変化したかの推定差を表している（回帰係数）。本分析は、単元学習前の生徒の数学のテストの得点や基本属性、そして、これらのクラス平均で調整した。グラフの配色が濃い青色の国・地域は、事後調査の数学のテストの得点と各領域の関連が 5％水準で統計的に有意であったことを示している。国・地域は、回帰係数の大きい順に並べている。各国・地域の回帰係数は、それぞれ別の回帰モデルで示された。
ドイツ*は調査対象学校が便宜的標本であることを意味する。
出典：OECD, Global Teaching InSights Database.

6.2 指導実践と生徒の数学に対する興味・関心

　学習内容に対する生徒の興味・関心を引き出すことは、将来にわたって努力を続けるために重要であり（Harackiewicz, Hulleman (2010)）、注意力や粘り強さ、読解力などの向上にもつながる（Ainley, Hidi, Berndorff (2002); Hidi, Renninger (2006)）。また、日々の活動において興味・関心を深めることは、学校での学習成果だけではなく、生徒の幸福や満足のために大きな役割を果たす（Sheldon, Elliot (1999)）。

　GTI では、数学に対する生徒の興味・関心を評価するために、調査対象単元の開始前と終了後に質問紙調査を行った。生徒への質問紙の内容は、事前調査では、調査対象単元の担当であった教員の前に指導を受けた教員の授業について「数学に興味があった」や「数学の授業で話していたことは面白いとよく思っていた」等の全 4 項目を、「まったく当てはまらない」から「非常に良く当てはまる」までの 1 ～ 4 の範囲で回答してもらった。事後調査では、調査対象単元の指導を受けた「現在の教員の授業」について「二次方程式の内容に興味があった」、「二次方程式の授業で話していたことは面白いとよく思っていた」等の全 3 項目を、「まったく当てはまらない」から「非常に良く当てはまる」までの 1 ～ 4 の範囲で回答してもらった。各質問項目の数値は平均化し、「二次方程式への興味・関心」として 1 ～ 4 のスコアで評価できるようにした（高いスコアは数学へのより大きな興味・関心があることを意味する）。事後調査における興味・関心の標準偏差は、全ての参加国・地域で 0.6 ～ 0.8 の範囲であった。

　続いて、生徒の興味・関心の伸びと指導実践の 3 領域（「授業運営」、「社会的・情緒的支援」、「教科指導」）との関連を調べるために、3 つの指導実践の領域それぞれを説明変数に、生徒の興味・関心を目的変数とした回帰モデルを構築して検討した。本分析では、調査対象単元実施前の、生徒の数学に対する興味・関心および社会経済的背景を調整変数とした（付表 6.2）。その結果、参加国・地域の半数（B-M-V（チリ）、コロンビア、マドリード（スペイン）、上海（中国））では、「社会的・情緒的支援」領域のスコアと数学に対する興味・関心との間に統計的に有意な関連を示し、社会的・情緒的支援は生徒の数学への興味・関心の伸びを高めることを示唆した。これらの参加国・地域では、「社会的・情緒的支援」領域全体のスコアの 1 増加（スコアの範囲は 1 ～ 4）は、生徒の興味・関心のスコア 0.1 ～ 0.3 の増加（スコアの範囲は 1 ～ 4）にあたる（図 6.4）。

　また、「授業運営」領域全体のスコアも、数学に対する興味・関心との間に統計的に有意な関連を示し、教員による授業運営がうまくいっていると、生徒が数学に対する強い興味・関心を持つ傾向があることが明らかとなった。B-M-V（チリ）、イングランド（英国）、マドリード（スペイン）では、「授業運営」領域のスコアと数学に対する興味・関心との間に統計的に有意な関連を示し、「授業運営」領域は生徒の数学への興味・関心の伸びを説明する予測因子となった。これらの参加国・地域では、「授業運営」領域全体のスコアの 1 増加（スコアの範囲は 1 ～ 4）は、生徒の興味・関心のスコア 0.3 ～ 0.6 の増加（スコアの範囲は 1 ～ 4）にあたる（図 6.4）。一方で、「教科指導」領域については、上海（中国）以外で数学に対する生徒の興味・関心と関連を示した国・地域はなかった。

図6.4　指導実践と生徒の個人的な興味・関心の伸びとの関係

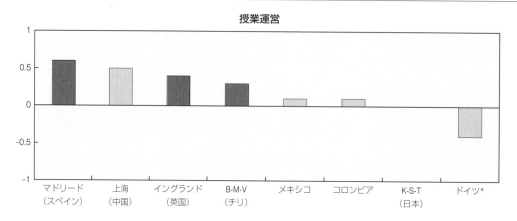

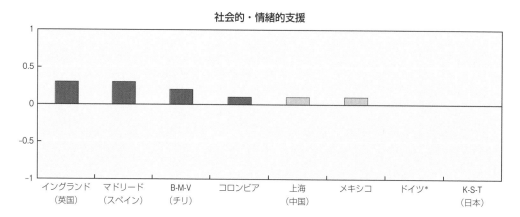

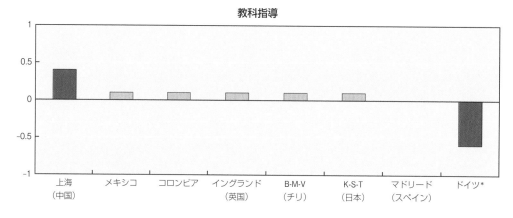

注：グラフは、参加国・地域の、授業運営、社会的・情緒的支援、教科指導領域のスコアが1増加したときに、生徒の個人的な興味・関心のスコアがどの程度変化したかの推定差を表している（回帰係数）。本分析は、単元学習前の生徒の個人的な興味・関心のスコアや基本属性、そして、これらのクラス平均で調整した。グラフの配色が濃い青色の国・地域は、事後調査の生徒の個人的な興味・関心のスコアと各領域のスコアの関連が5%水準で統計的に有意であったことを示している。国・地域は、回帰係数の大きい順に並べている。各国・地域の回帰係数は、それぞれ別の回帰モデルで示された。
ドイツ*は調査対象学校が便宜的標本であることを意味する。
出典：OECD, Global Teaching InSights Database.

6.3 指導実践と自己効力感

これまでの研究で、生徒の自己効力感は学力や授業への参加といった社会性だけでなく、抑うつや不安などの情動と関連していることが明らかにされている（Bandura (1977); OECD (2019); Rhew 他 (2018)）。生徒の将来の学習の基盤となる自己効力感を高めるため、授業ではどのような支援が適しているのだろうか。

GTI では、生徒の自己効力感を評価するために、調査対象単元の開始前と終了後に質問紙調査を行った。生徒への質問紙の内容は、事前調査では、調査対象単元の担当であった教員の前に指導を受けた教員の授業における一般的な数学に対する生徒の自己効力感について、「数学のトピックで優れた評価を受けると思う」や「数学で取り上げられている最も難しい問題を理解する自信があった」などの問いに対して、「私については全く当てはまらない」から「私については非常に当てはまる」までの選択肢を 1 〜 4 の範囲で回答してもらった。事後調査では、調査対象単元の指導を受けた「現在の教員の授業」における二次方程式に対する生徒の自己効力感について、「私は二次方程式でとても良い成績を取るという自信があった」や「私は二次方程式で一番難しい問題を理解できるという自信があった」などの問いに対して、「まったく当てはまらない」から「非常に良く当てはまる」までの選択肢を 1 〜 4 の範囲で回答してもらった。各質問項目の数値は平均化し、「生徒の自己効力感」として 1 〜 4 のスコアで評価できるようにした（高いスコアは生徒がより高い自己効力感を持っていることを意味する）。事後調査における自己効力感の標準偏差は、全ての参加国・地域で 0.6 〜 0.8 の範囲であった。

教員の指導実践と生徒の自己効力感の伸長との関連を調べるために、自己効力感の伸長を目的変数に、指導実践の 3 つの領域（「授業運営」、「社会的・情緒的支援」、「教科指導」）それぞれを説明変数とした回帰分析を行ったところ、上海（中国）とメキシコでは 3 つの領域全てが生徒の自己効力感の伸長に対して有意な予測因子となっていた（図 6.5）。この回帰モデルでは、単元開始前の生徒のクラスレベルでの自己効力感や社会経済的背景を調整変数とした（付表 6.2）。領域ごとの結果としては、「授業運営」領域では、メキシコ、イングランド（英国）、マドリード（スペイン）、上海（中国）の 4 か国・地域で、「社会的・情緒的支援」領域では、コロンビア、マドリード（スペイン）、メキシコ、上海（中国）の 4 か国・地域で、生徒の自己効力感の伸長と有意な関連が認められた。しかし、全ての参加国・地域において、これらの関連性の大きさ（回帰係数）は小さかった。3 つの領域全てが生徒の自己効力感の伸長の予測因子となった国・地域はメキシコと上海（中国）の 2 か国・地域で、B-M-V（チリ）、ドイツ＊、K-S-T（日本）では、いずれの領域においても生徒の自己効力感の伸長との間に有意な関連は認められなかった。

昨今、教育が生徒の狭義の学力を超えた領域で、どのような影響を与えるかに注目が集まっている中で、指導実践と自己効力感、興味・関心との関係を示すことができた本報告書の結果は、指導実践が生徒の資質の育成に重要である可能性を示唆した（図 6.4，図 6.5）。

図 6.5　指導実践と生徒の自己効力感の伸びとの関係

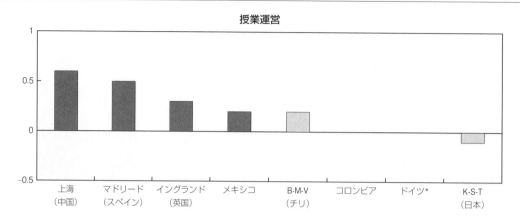

授業運営

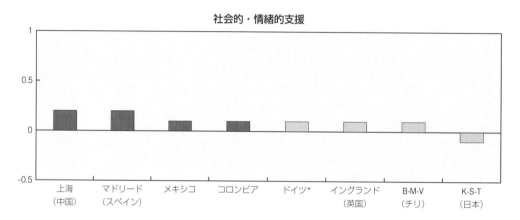

社会的・情緒的支援

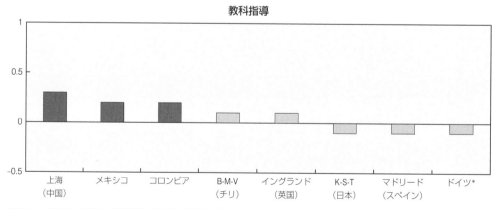

教科指導

注：グラフは、参加国・地域の、授業運営、社会的・情緒的支援、教科指導領域のスコアが 1 増加したときに、生徒の自己効力感のスコアがどの程度変化したかの推定差を表している（回帰係数）。本分析は、単元学習前の生徒の自己効力感のスコアや基本属性、そして、これらのクラス平均で調整した。グラフの配色が濃い青色の国・地域は、事後調査の生徒の自己効力感のスコアと各領域のスコアの関連が 5％水準で統計的に有意であったことを示している。国・地域は、回帰係数の大きい順に並べている。各国・地域の回帰係数は、それぞれ別の回帰モデルで示された。
ドイツ＊は調査対象学校が便宜的標本であることを意味する。
出典：OECD, Global Teaching InSights Database.

参考文献・資料

Ainley, M., S. Hidi and D. Berndorff（2002）, "Interest, learning, and the psychological processes that mediate their relationship", *Journal of Educational Psychology*, Vol. 94/3, pp. 545-561, https://doi.org/10.1037/0022-0663.94.3.545.

Bandura, A.（1977）, "Self-efficacy: Toward a unifying theory of behavioral change", *Psychological Review*, http://dx.doi.org/Psychological Review. https://doi.org/10.1037/0033-295X.84.2.191.

Carnoy, M. et al.（2016）, "Revisiting the relationship between international assessment outcomes and educational production: Evidence from a longitudinal PISA-TIMSS sample", *American Educational Research Journal*, https://doi.org/10.3102/0002831216653180.

Chetty, R., J. Friedman and J. Rockoff（2014）, "Measuring the Impact of Teachers II: Teacher Value-Added and Student Outcomes in Adulthood", *American Economic Review*, Vol. 104/9, pp. 2633-2679.

Harackiewicz, J. and C. Hulleman（2010）, "The importance of interest: The role of achievement goals and task values in promoting the development of interest", *Social and Personality Psychology Compass*.

Hidi, S. and K. Renninger（2006）, "The four-phase model of interest development", *Educational Psychologist*, Vol. 41/2, pp. 111-127, http://dx.doi.org/doi:10.1207/s15326985ep4102_4.

McCaffrey, D. et al.（2003）, *Evaluating value-added models for teacher accountability*, RAND, Santa Monica, CA.

OECD（2019）, *PISA 2018 Results（Volume III）: What School Life Means for Students' Lives*, OECD Publishing, Paris, https://doi.org/10.1787/acd78851-en.

Rhew, E. et al.（2018）, "The effects of a growth mindset on self-efficacy and motivation", *Cogent Education*, http://dx.doi.org/10.1080/2331186X.2018.1492337.

Sheldon, K. and A. Elliot（1999）, "Goal striving, need satisfaction, and longitudinal well-being: The self-concordance model", *Journal of Personality and Social Psychology*, Vol. 76/3, pp. 482–497, https://doi.org/10.1037/0022-3514.76.3.482.

第6章の付表

付表6.1　指導実践と事後調査における学習の成果（数学のテストの得点、個人的な興味・関心、自己効力感）との関係

	テストの得点			個人的な興味・関心			自己効力感		
	授業運営	社会的・情緒的支援	教科指導	授業運営	社会的・情緒的支援	教科指導	授業運営	社会的・情緒的支援	教科指導
B-M-V（チリ）	8.43 (5.52)	3.90 (4.37)	19.10** (6.44)	0.31** (0.11)	0.24** (0.08)	0.12 (0.11)	0.24* (0.11)	0.11 (0.08)	0.32* (0.13)
コロンビア	0.24 (3.07)	2.10 (1.84)	7.18** (2.55)	0.24 (0.14)	0.19** (0.07)	0.10 (0.10)	0.10 (0.15)	0.08 (0.08)	0.24* (0.09)
イングランド（英国）	13.33** (4.39)	6.52 (3.55)	8.26 (5.08)	0.34 (0.18)	0.18 (0.10)	0.18 (0.10)	0.21 (0.18)	0.03 (0.09)	0.04 (0.12)
ドイツ*	6.87 (4.83)	−0.12 (2.65)	0.66 (4.10)	−0.29 (0.27)	0.01 (0.17)	−0.29 (0.18)	−0.04 (0.18)	0.08 (0.13)	−0.06 (0.13)
K-S-T（日本）	22.41** (7.01)	1.48 (3.93)	12.00*** (3.15)	0.04 (0.24)	0.02 (0.11)	0.14 (0.09)	−0.01 (0.19)	−0.10 (0.09)	0.04 (0.07)
マドリード（スペイン）	3.29 (4.12)	1.74 (1.94)	5.75 (3.41)	0.55* (0.23)	0.26** (0.08)	0.02 (0.18)	0.54* (0.21)	0.12 (0.08)	−0.03 (0.16)
メキシコ	3.00 (1.99)	4.38* (1.68)	3.67* (1.81)	0.09 (0.10)	0.06 (0.09)	0.15 (0.09)	0.21* (0.09)	0.16* (0.06)	0.22** (0.07)
上海（中国）	1.98 (21.04)	12.20 (6.61)	15.92* (7.47)	0.49 (0.39)	0.33*** (0.08)	0.61*** (0.11)	0.61 (0.46)	0.51*** (0.09)	0.61*** (0.14)

注：*p < .05, **p < .01, ***p < .001. 回帰係数は、生徒の学習の成果それぞれと各指導実践領域のスコアの1増加との間の関連性を表している。回帰係数の下に括弧で標準誤差を示している。
ドイツ*は調査対象学校が便宜的標本であることを意味する。
出典：OECD, Global Teaching InSights Database.

付表6.2　指導実践と事後調査における学習の成果（数学のテストの得点、個人的な興味・関心、自己効力感）との関係　※生徒の社会経済的背景、事前調査における数学のテストの得点を考慮

	テストの得点			個人的な興味・関心			自己効力感		
	授業運営	社会的・情緒的支援	教科指導	授業運営	社会的・情緒的支援	教科指導	授業運営	社会的・情緒的支援	教科指導
B-M-V（チリ）	0.78 (2.02)	1.65 (1.51)	−1.59 (2.75)	0.29* (0.12)	0.23** (0.08)	0.07 (0.12)	0.16 (0.10)	0.09 (0.06)	0.08 (0.12)
コロンビア	3.58 (2.04)	2.74* (1.17)	4.22** (1.46)	0.06 (0.15)	0.14* (0.07)	0.14 (0.08)	−0.01 (0.12)	0.14* (0.06)	0.17* (0.07)
イングランド（英国）	1.32 (1.95)	1.70 (1.12)	0.18 (1.62)	0.42* (0.16)	0.28** (0.10)	0.13 (0.11)	0.28* (0.14)	0.12 (0.07)	0.07 (0.10)
ドイツ*	1.63 (3.21)	1.94 (2.06)	2.29 (2.55)	−0.36 (0.19)	0.02 (0.14)	−0.60*** (0.16)	−0.02 (0.16)	0.14 (0.12)	−0.15 (0.13)
K-S-T（日本）	3.04 (4.72)	−0.38 (2.18)	1.48 (2.33)	−0.04 (0.18)	0.00 (0.09)	0.06 (0.09)	−0.12 (0.16)	−0.12 (0.07)	−0.08 (0.07)
マドリード（スペイン）	−1.13 (3.22)	1.12 (1.60)	1.07 (3.09)	0.56* (0.23)	0.25** (0.09)	−0.02 (0.15)	0.54** (0.19)	0.22* (0.09)	−0.12 (0.16)
メキシコ	1.15 (1.07)	1.86 (1.04)	1.59 (1.22)	0.12 (0.12)	0.06 (0.09)	0.14 (0.09)	0.24* (0.10)	0.15* (0.06)	0.21*** (0.08)
上海（中国）	15.51 (12.24)	−2.34 (3.76)	−0.16 (4.78)	0.50 (0.27)	0.14 (0.07)	0.39*** (0.11)	0.59* (0.24)	0.23** (0.07)	0.26* (0.11)

注：*p < .05, **p < .01, ***p < .001. 回帰係数は、生徒の学習の成果それぞれと各指導実践領域のスコアの1増加との間の関連性を表している。本分析は、単元学習前の生徒の各スコア、基本属性、そして、これらのクラス平均で調整した。回帰係数の下に括弧で標準誤差を示している。
ドイツ*は調査対象学校が便宜的標本であることを意味する。
出典：OECD, Global Teaching InSights Database.

第 **7** 章

全体の傾向と今後の展望

　本章では、国際報告書 "Global Teaching InSights：A Video Study of Teaching"（OECD, 2020）の第 8 章にて OECD の Anna Pons 氏および Lawrence Houldsworth 氏が解釈し、報告した指導実践の全体的な傾向と今後の展望について、日本に関連する内容を整理して示した。特に説明を加えない限り、「生徒」は 8 つの参加国・地域における調査参加生徒のことを指す。

7.1　学習成果向上のための指導改善

　授業の質を高めることは、全ての生徒に、その可能性を最大限に伸ばすために必要な知識とスキルを習得する機会を保障する鍵である。

　GTI は、複雑な学習指導の様子を国際的に合意された分析基準のもとで観察するというユニークな側面を持つ。また、文化や学校制度など異なる背景を持つ国・地域の学習指導の主な傾向を示し、教員の指導実践の強みを明らかにすることで、更なる改善の機会を導く鍵となっている。

　図 7.1 は参加国・地域で授業観察された 3 つの領域（「授業運営」、「社会的・情緒的支援」、「教科指導」）の平均スコアである。図 7.1 より、GTI に参加した教員は全体的に授業運営にたけていることが示された。

図 7.1　「授業運営」、「社会的・情緒的支援」、「教科指導」領域の各国・地域の平均スコア

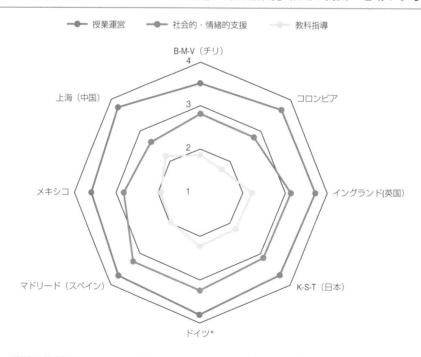

注：グラフは 3 領域別の構成要素のスコアを示す。各構成要素のスコアの範囲は 1 ～ 4 であり、1 はその実践の出現頻度や質が最も低いこと、4 はその実践の出現頻度や質が最も高いことを示す。各構成要素のスコアを平均化して、各領域の構成要素全体の平均スコアが算出された。ドイツ*は調査対象学校が便宜的標本であることを意味する。
出典：OECD, Global Teaching InSights Database.

7.2 　典型的な授業運営

　今日の授業の様子は、従来のイメージとおおむね変わらず、教員が教室の前に立って生徒の指導を行い、クラスをまとめるという構図である。このように、教員が教室の前に立ち全体に教えるという指導実践は、参加国・地域の授業において9割近いセグメントで観察された。イングランド（英国）、K-S-T（日本）、上海（中国）では、ほとんどの授業で、教員が教室の前に立って行う全体への授業と、各生徒が個別で行う活動とが組み合わされて行われていた。その一方で、他の授業形態はあまり見られず、例えば、二人組での共同作業や小グループ（3人以上）での共同作業は、参加国・地域の授業において22％未満のセグメントで観察された（図2.5, 付表2.4）。

　教員は、このように典型的な授業構造の中でうまく授業運営を行っていた。参加国・地域を平均的に見て、まとまりをもった効率的なルーティーンが行われていることがわかった。また、教員は生徒のモニタリングを時々または頻繁に行っており、教室で何らかの混乱が起こった際は迅速かつ適切に対処していた。このことに関しては、教員および生徒それぞれへの質問紙調査からも、授業運営の状況については肯定的な回答が得られていた。

7.3 　深い学びのための指導

　教科指導は多面的で奥が深く、生徒の学びに直接関わってくるものである。GTIでは、これを「教科内容の質」、「生徒の認知的取り組み」、「生徒の理解に対する教員の評価と対応」、そして生徒の教室での「対話（談話）」にわけて分析した。

　教科内容の質については、生徒が二次方程式の単元において、様々な数学的表現や解き方を学ぶ場面が観察された。また、異なる数学的要素同士のつながりについて取り上げる場面を観察したところ、ほとんどのクラスで最低でも1つは何らかのつながりが取り上げられた場面があった。しかし、現実世界の事象とのつながりを取り上げる場面については、ほとんど見られなかった。

　生徒の認知的取り組みについては、教員は生徒に特定の考え方や解き方の手順を繰り返し練習させる場面を多く設けていた。K-S-T（日本）では53％のクラスで、認知的要求の高い課題に取り組ませる場面が見られた。これに関しては、他国では、ドイツ*（12％）、メキシコ（9％）、イングランド（英国）（8％）であった（スコア2.5〜4.0の割合）（図4.7, 付表4.7）。生徒に問題を解かせる際には、複数の数学的な考えやアプローチを使わせたり、異なる方法を比較させたりすることが重要であるが、GTIではそのような場面はほとんど見られなかった。

　教員による評価と対応については、教員が生徒の考えや思考を適度に引き出す場面は頻繁に見られ、その思考を生徒の求めるものや理解度に合わせて指導に活（い）かす場面も時々見られた。また、教員が生徒それぞれに対して、各自が取り組んでいる手順やプロセスが正しいかどうかを教える等のフィードバックを行う様子は定期的に見られたが、詳しい説明を伴うフィードバックを行っていたのは少数であった（ドイツ*（18％）、マドリード（スペイン）（16％）、イングランド（英国）（8％）、K-S-T（日本）（8％）、メキシコ（7％）、上海（中国）（5％））（付表4.7）。

　教室での対話（談話）を見ると、異なる数学的概念やその背景、あるいは解法についての考えを出し合って共有するよりも、以前に学習した考えや手順を繰り返す場面が多く見られた。分析や統合をはじめとする複雑な数学的活動を促す問いかけは重要であるが、少なかった。上海（中国）では56％、K-S-T（日本）では55％のクラスで、比較的詳細で数学的に深い内容の説明がなされていた（スコア2.5〜4.0の割合）。他国では、一部のクラスでこの様な説明が観察された（イングランド（英国）（25％）、マドリード（スペイン）（19％）、ドイツ*（18％）、B-M-V（チリ）（13％）、コロンビア（8％）、メキシコ（7％））（付表4.6, 付表4.7）。

7.4　電子機器を取り入れた学習環境

　授業において、ほとんどの教員は電子機器を生徒とのコミュケーションをはかる目的で利用した。例えば、パワーポイントによる授業資料やプロジェクターなどが、教室内での情報伝達の手段として使用されていた。また、生徒については、参加国・地域の約8割前後のクラスで電子機器を使用していなかった（ドイツ*を除く）（OECD（2020）, *Global Teaching InSights: A Video Study of Teaching*, OECD Publishing, Paris. Annex. 5. A. 14）。

　しかし、電子機器等テクノロジーは新たな指導方法にも活用ができる。今日の新型コロナウイルス感染症の世界的大流行は、テクノロジーを革新的に使い、生徒の自主学習とより深い概念的理解をサポートすることの重要性を訴えている。デジタル学習空間は、生徒の学習を広げ、強化させることが可能である。GTIでは、生徒の数学への概念的理解をサポートするためにテクノロジーを使用していた授業はごく一部に留まった（イングランド（英国）（21％）、メキシコ（19％）、コロンビア（14％）、K-S-T（日本）（12％）、マドリード（スペイン）（11％）、ドイツ*（10％）、上海（中国）（8％）、B-M-V（チリ）（5％））（表4.1）。これらの授業では、教員はテクノロジーを計算や評価に使ったり、生徒の創造的な活動を助けるために使ったり、または数学の手続きやプロセスの背景にある基礎的な内容に目を向けさせたりするために使っていた。

7.5　授業観察から学ぶ指導実践

　自分の授業を観察することで、教員は具体的な例とエビデンスに基づき、指導の改善点を見つけることができる。これは、指導実践の向上につながりうるが、教員間で広く認知されていないようであった。GTIでは、教員に対して、教員として働いてきた中で、自身の授業が何回ビデオ録画されたことがあるかを尋ねたところ、参加国・地域の教員の大多数が「3回以下」と回答した（マドリード（スペイン）（97％）、ドイツ*（96％）、コロンビア（95％）、メキシコ（95％）、B-M-V（チリ）（84％）、イングランド（英国）（83％）、K-S-T（日本）（73％）、上海（中国）（57％））。また、1年間にどのくらい他の教員から自分自身の授業が観察されたかを尋ねたところ、「頻繁に観察された」と回答した教員の割合は全教員の3分の1以下であった（参加国・地域の割合は、上海（中国）（39％）、イングランド（英国）（29％）、K-S-T（日本）（18％）、ドイツ*（14％）、B-M-V（チリ）（14％）、メキシコ（10％）、マドリード（スペイン）（7％）、コロンビア（4％）であった）

第7章

（OECD, Global Teaching InSights Database）。

　授業での指導は、直接見ることで、例えば生徒の創造性を引き出す指導等の教員が行っている多くの細かい工夫をより具体的に知ることができる。GTI でも、このような例がたくさんあった。例えば、ある K-S-T（日本）の教員は、二次方程式の学習において、スパゲッティの束が何食分になるかを、その断面積との関係から捉えて探究することで、数学と日常生活のつながりを示した。

7.6 ▎ 質の高い教材

　GTI で分析した教材の質については、参加国・地域間、教員間でばらつきがあった。ここでの教材とは、指導案、視聴覚教材、プリント、宿題等も含まれる。

　ドイツ*、K-S-T（日本）、メキシコ、上海（中国）では、ほとんどの教員が、生徒に自身の考えを説明するよう促す教材を、調査対象の授業の少なくとも 1 回で使っていた。同様に、イングランド（英国）、ドイツ*、K-S-T（日本）、メキシコ、上海（中国）では、ほとんどの教員が生徒に、数学的な規則性を見つけさせたり、一般化について考えさせたりするような教材を、調査対象の授業の少なくとも 1 回で使っていた。これは他の参加国ではあまりみられない傾向であった。

　また、教材を分析することで、ほとんど実施されていない指導についても明らかとなった。例えば、現実世界とのつながりを意識した教材はほとんど見られず、また生徒の自己評価を促す教材も少なかった。そして、数学的概念と関連性の理解を助けるような電子教材の数も限られていた。

7.7 ▎ 質の高い教材のデザイン

　質の高い教材を作るには、教員同士が協力し合いながら、教材を交換したりデザインしたりすることが必要である。同僚と教材をやりとりする、または開発する機会の頻度について尋ねたところ、「少なくとも月に 1 度」と回答した教員の割合はイングランド（英国）で 73%、上海（中国）では 71% であった（マドリード（スペイン）（66%）、B-M-V（チリ）（64%）、ドイツ*（54%）、K-S-T（日本）（39%）、メキシコ（33%）、コロンビア（16%））（OECD, Global Teaching InSights Database）。

7.8 ▎ 教職への評価

　参加国・地域において、多数の教員は社会から認められておらず評価されていないと感じていた。その割合は、マドリード（スペイン）（90%）、B-M-V（チリ）（87%）、K-S-T（日本）（75%）、コロンビア（75%）、メキシコ（68%）、イングランド（英国）（65%）であった（OECD, Global Teaching InSights Database）。この結果は、国際教員指導環境調査（Teaching and Learning International Survey: TALIS）における結果に類似しており、教員のモチベーションを保ち、優れた教員の育成を行うためにも、教員の仕事を高く評価する方法を模索することの重要性を示しているといえる。

資　料

グローバル・ティーチング・インサイト（GTI）：

授業ビデオ研究

（TALIS ビデオスタディ）

授業観察コード：

構成要素

2018 年 11 月 4 日版

国際プロジェクト・コンソーシアム：

ランド社（RAND）（カリフォルニア州サンタモニカ）
教育試験サービス（ETS）（ニュージャージー州プリンストン）
ドイツ国際教育研究所（DIPF）（フランクフルト）

教育試験サービス（ETS）の授業観察コード担当者：Courtney Bell, Yi Qi, Margaret Witherspoon, Mariana Barragan, and Heather Howell

資料1

1

資料1

背景

　GTIは指導実践を6つの領域で構成する。各領域はその領域の総合的スコア、構成要素及び指標で構成される。分析者は個々の領域の総合的スコア、構成要素、または指標に関する数値化を行う。各領域の総合的スコアとそれに関連する説明を次頁以降に記載する。

数値化

　総合的スコアと構成要素は、授業全体にわたり16分間隔で数値化される。分析者は16分ずつのセグメント全体を通してメモを取ったり、発話記録をたどりながら追加的なメモを記入する。16分のセグメント内でビデオを再生または停止してマーカーを取り、全ての総合的スコアと構成要素に関する数値化を行う。分析者は、必要に応じて16分のセグメントの終わりにビデオを止め、作業している発話記録に必要事項を記入してもよい。以下に挙げる構成要素については、セグメントを見ながらマーカーまたは強調するための目印を施すこと。他の構成要素については、そのセグメントのビデオを一度見終えてから判断してよい。

構成要素

励ましと温かさ

つながり

説明

規則性、一般化

教員のフィードバック

自発的な関わり

問いかけ

　ビデオの終盤でセグメントが16分未満の場合、分析者は2通りの方法のどちらかで対処する。つまり、残りのセグメントに付け足す、または新たなセグメントを作成する。分析対象となる残りの分数が8分以上である場合、新たなセグメントを作成する。新たなセグメントを作成する場合は、残りの分数を直前のセグメントに付け足す。例えば以下の通りである。

ビデオの長さ	総合的スコアと構成要素のセグメント数
32:00	2
36:03	2
40:00	3
42:15	3
48:00	3

分析者は、各領域について、最初に構成要素に対する1～4の数値化を行い、次に総合的スコアに対して1～4の数値化を行う。ただし、総合的スコアは各構成要素の数値の算術平均ではないので注意が必要である。トレーニング教材に数値化の手順を示している。総合的スコアの算出にあたって分析者は、各3つの構成要素の全てのエビデンスを考慮しなければならず、エビデンスを無視してはならない（エビデンスがない場合も同様）。

コードの下線部について

分析者は、構成要素の記述の中で下線が引かれている部分に関して注意して読まなければならない。いくつかの構成要素・領域の数値化において、エビデンスとして数えてよい行動は特定のものに限られている。これらの行動には下線が引かれている。その他のコードでは、分析者が注意すべき動詞や定義に下線が引かれている。

3

資料1

GTI の領域、領域別の総合的スコア、構成要素、指標

領域	構成要素および領域別の総合的スコア	指標
授業運営	ルーティーン モニタリング（観察） 中断や混乱への対処 授業運営（総合）	課題にかける時間 活動の形態と頻度 授業時間（直前のセグメント後の経過時間）
社会的・情緒的支援	敬意 励ましと温かさ 自発的な関わり 社会的・情緒的支援（総合）	粘り強さ クラス全体への共有の要求
対話（談話）	対話（談話）の性質 問いかけ 説明 対話（談話）（総合）	ディスカッションの機会
教科内容の質	はっきりとした規則性（パターン）、一般化 はっきりとしたつながり 明confidence 教科内容の質（総合）	はっきりとした学習目標 正確さ 現実世界とのつながり 数学の他の単元とのつながり 数学についてのまとめ 表現の種類 手続きの指示の組み立て
生徒の認知的取り組み	認知面での要求が高い教科内容への取り組み 推論する際の多様な方法と見方 教科内容の手続きと手順の理解 生徒の認知的取り組み（総合）	メタ認知 反復練習の機会 理解のためのテクノロジー 教室でのテクノロジー 生徒が用いるテクノロジー 学習のためのソフトウェアの利用
生徒の理解に対する評価と対応	生徒の考えを引き出す指導 教員からのフィードバック 生徒の理解に合わせた指導 生徒の理解に対する評価と対応（総合）	—

4

150

「授業運営」構成要素および領域別の総合的スコア

「授業運営」領域

構成要素	1	2	3	4
ルーティーン クラスには習慣化された作業 があり、それらがよく整理 されており、効率的である。	ルーティーンは、ごく一部は 整理されている。 ルーティーンで、時間が無駄に なることが頻繁にある。	ルーティーンは、ある程度整理 されている。 ルーティーンで、時間が無駄に なることが時々ある。	ルーティーンは、大部分がよく 整理されている。 ルーティーンで、時間が無駄に なることはほとんどない。	全てのルーティーンは、よく 整理されている。 ルーティーンで、時間が無駄に なることがない。
モニタリング（観察） 教員は教室全体で起こっている 状況をモニタリングしている。 いる状況をモニタリング する。具体的には、教員は 生徒との物理的距離を保つ、 教室全体を見渡す、生徒の 方を向く、様々な生徒に発言 を求める、生徒の進捗具合に 気付く。	教員が教室全体で起こっている 状況をモニタリングしている エビデンスが少しはある、または ない。	教員は教室全体を、たまに モニタリングする。	教員は教室全体を、時々 モニタリングするが、一貫して いない。	教員は教室全体を、頻繁に モニタリングし、それを一貫 して行う。
中断や混乱への対処 教員は中断や混乱に迅速かつ 効果的に対処する。 中断や混乱がほとんどない、 または対処する。	教員は、中断や混乱に効果的 または効率的に対処しない ため、指導時間を著しく失う。	教員は、たまに中断や混乱に 効果的に対処する場合もある が、多くの場合、教員は、中断 や混乱に効果的または効率的に 対処しないため、指導時間を いくらか失う。	教員は、多くの場合は中断や 混乱に効果的に対処するが、 時々、中断や混乱が原因で指導 時間を少し失う。	教員が、中断や混乱に迅速かつ 効果的に対処することで、授業 が効果的でも、指導時間は 失われない。 または 中断や混乱がない。
「授業運営」領域 総合的スコア				

5

資料1

「社会的・情緒的支援」領域

「社会的・情緒的支援」構成要素および領域別の総合的スコア

構成要素	1	2	3	4
敬意 教員と生徒は互いへの敬意を、以下に挙げる行動のいずれかの行為によって示す。 示す：敬意を払った言葉使い、互いの発言に耳を傾ける、適切な名前を呼ぶ、敬意のあるトーンで話す、慣習的な表現作法 教員と生徒の間、または生徒間で敬意を欠くやりとりがない（例：おどし、悪気があったり見下したりするようなコメント、身体を押したりする物理的な攻撃、生徒または生徒が恥ずかしい思いをした後のコメント）。	教員と生徒は互いへの敬意を、ごくたまに示す。 いずれかの生徒と教員の間、または生徒間で、短く、些細な否定的なやりとりが数回あるか、持続的で、またはかなりの否定的なやりとりが1回ある。	教員と生徒は互いへの敬意を時々示す、または/および、常に一貫せずに示す。 いずれかの生徒と教員、または生徒間で、短く、些細な否定的なやりとりが1、2回ある。	教員と生徒は互いへの敬意を頻繁に示すが、常に一貫して示さない場合もある。 どの生徒と教員の間、または生徒間でも否定的なやりとりがない。	教員と生徒は互いへの敬意を頻繁に、常に一貫して示す。 どの生徒と教員の間、または生徒間でも否定的なやりとりがない。
励ましと温かさ 教員や生徒は学習全体を通して生徒を励ます（教員は生徒が間違った時に安心させる、肯定的なコメントをする、生徒の学習活動を褒める）。 温かさを共有する瞬間がある（ほほえみ、笑い、冗談、遊び心）。	教員や生徒は学習全体を通して、生徒を励まさない。 温かさが共有されたエビデンスがない。	教員や生徒は学習全体を通して、ごくたまに生徒を励ます。 温かさが共有される瞬間がごくたまにある。	教員や生徒は学習全体を通して、時々生徒を励ます。 温かさが共有される瞬間が時々ある。	教員や生徒は学習全体を通して、頻繁に生徒を励ます。 温かさが共有される瞬間が頻繁にある。
（周りの反応を気にしない）自発的な関わり 生徒は指導を求める。 生徒は自分の学習活動を教室全体に共有することにより、自発的にクラス全体に関わろうとする。	生徒は指導を求めない。 または/および 生徒は、自分の学習活動を自発的にクラス全体に共有しない。	生徒は指導をまれに求める。 または/および 生徒は、まれに自分の学習活動を自発的にクラス全体に共有する。	生徒は時々指導を求める。 または/および 生徒は、時々自分の学習活動を自発的にクラス全体に共有する。	生徒は頻繁に指導を求める。 または/および 生徒は、頻繁に自分の学習活動を自発的にクラス全体に共有する。
「社会的・情緒的支援」領域 総合的スコア				

6

資料1

「対話（談話）」構成要素および領域別の総合的スコア

「対話（談話）」領域

構成要素	1	2	3	4
対話(談話)の性質 生徒は教室での対話や、やりとりに参加する機会を与えられる。 生徒のやりとりは（数学に関する）詳細な内容で特徴づけられている。	対話ややりとりは、教員主導である。 生徒のやりとりには、詳細な発話や反応が反応がない。	対話ややりとりは、頻繁に教員に主導である。 生徒のやりとりは詳細な発話や反応で特徴づけられていることがまれにある。	対話ややりとりは、時々教員主導である。 生徒のやりとりは詳細な発話や反応で特徴づけられていることが時々ある。	対話ややりとりは、まれに教員主導である。 生徒のやりとりは詳細な発話や反応で特徴づけられていることが頻繁にある。
問いかけ 問いは、様々な種類の認知的推論を生徒に求める。	問いは、多くの場合生徒に対し、思い出す、答えを発表する、「はい/いいえ」で答える、用語を定義することを求める。	問いは、多くの場合生徒に対し、思い出す、答えを発表する、「はい/いいえ」で答える、用語を定義することを求めるものの、いくつかの問いは、生徒に対しては、説明する、分類する、規則性・手順・公式を適用することを求める。	いくつかの問いは、生徒に対し、思い出す、発表する、定義づけることを求めるものの、ほとんどの問いは生徒に対して、まとめる、説明する、分類する、規則性・公式を適用する、いくつかの問いは生徒に、分析する、統合する、正当化する、推測することを求めるものもある。	問いには、思い出す、発表する、定義づける、まとめる、説明する、分類する、規則性・手順・公式を適用する、統合する、正当化する、推測することが入り混じっており、それらを生徒に求めるが、特に分析する、統合する、正当化する、推測することを強調する。
説明 教員と生徒は記述/口頭で説明を行う。考え（アイディア）や手続きが**なぜそうであるか**の理由を示したものである。	教員または生徒のどちらからも、考えや手続きが**なぜそうであるか**の説明がない。	説明は、多くの場合、数学の簡単な、または/および、表面的な特徴に焦点を当てている。	説明は、数学の簡単な、表面的な特徴と、または/および、詳細な、より深い特徴の組み合わせに焦点を当てている。	説明は、数学の詳細な、または/および、より深い特徴に焦点を当てている。
「対話(談話)」領域 総合的スコア				

資料1

「教科内容の質」領域

「教科内容の質」領域の構成要素および領域別の総合的スコア

構成要素	1	2	3	4
はっきりとしたつながり 教員や生徒は、教科内容の中の何か2つの側面をはっきりと、指導上でつなげる。側面には、教科内容の考え、手続き、見方、表現、方程式を含む。	考え、手続き、見方、表現、式の間に、指導上でつながりがない。 または 提示されているつながりが、はっきりしない。	考え、手続き、見方、表現、式の間に、指導上でつながりが1つある。 かつ つながりは、多くの場合は曖昧である。	考え、手続き、見方、表現、式の間に、指導上でつながりが少なくとも2つ以上ある。 かつ つながりは、多くの場合はっきりしていて、明確で簡潔である。	考え、手続き、見方、表現、式の間に、指導上でつながりが少なくとも2つ以上ある。 かつ つながりは、はっきりしていて、明確であり、少なくとも1つは詳しく説明されている。
はっきりと生徒た規則性（パターン）、一般化 教員や生徒は、学習活動の中で、共に、規則性を、はっきりと見出す。生徒が取り組んでいる特定の活動から、その活動の基礎的な概念や定義に向けて、一般化する。	教員も生徒も、数学の学習活動において規則性を見出せない。 または 学習活動からの一般化がない。	教員は、数学の学習活動において規則性を見出す。見出した規則性は、数学的な考えの表面的特徴に焦点を当てている。 または はっきりとした一般化は、取り組み中の数学から発展し、用語の体系化やアルゴリズムの手順に焦点を当てたり、表面的であったり、正しかったり正しくなかったりする。	生徒は、数学の学習活動において規則性を見出す。見出した規則性は、数学的な考えの、表面的特徴に焦点を当てている。 または はっきりとした一般化は、取り組み中の数学から発展し、用語の体系化やアルゴリズムの手順に焦点を当てている。そしてそれらが、明確で正しい。もし、それらが基礎的な概念、考え、または/および、定義へ一般化された場合、その一般化はやや不明瞭である。	教員または生徒は、数学の学習活動において規則性を見出す。見出した規則性は、1つ以上の、より深い数学の特徴に焦点を当てている。 または はっきりとした一般化は、取り組み中の数学から発展し、基礎的な概念、考え、または/および、定義に焦点を当てている。それらは、明確で正しい。
明解さ 授業の学習目標についての数学的な内容が明示され、生徒が授業内容についていけているように見える度合い。	授業における、数学的な概念、課題、生徒の応答の傾向、ディスカッションは、多くの場合明解でない。 生徒が、授業における同じ論理的要素を理解していないことを示す例が、いくつもある。明解さについての生徒の行動に規則性がある。	授業における、数学的な概念、課題、生徒の応答の傾向、ディスカッションは、どちらかというと明解でない。 生徒が、授業における同じ論理的要素を理解していないことを示す例が、少なくとも2つある。明解さについての生徒の行動に規則性がある。	授業における、数学的な概念、課題、生徒の応答の傾向、ディスカッションは、どちらかというと明解である。 生徒が、授業における同じ論理的要素を理解しているが、ほとんどの生徒は授業の論理的要素を理解していると見られる。明解さについての生徒の行動に規則性はない。	授業における、数学的な概念、課題、生徒の応答の傾向、ディスカッションは、明解である。 生徒が、授業における同じ論理的要素を理解していないことを示す例が少ない。生徒は授業の論理的要素を理解していると見える。
「教科内容の質」領域 総合的スコア				

8

「生徒の認知的取り組み」領域

「生徒の認知的取り組み」構成要素および領域別の総合的スコア

構成要素	1	2	3	4
認知面での要求が高い教科内容への取り組み 生徒は定期的に、認知的に豊かで考え抜くことを求められる分析、創造、評価活動に取り組む。	生徒は、認知的に豊かで考え抜くことを求められる、分析、創造、評価活動に取り組まない。または、その様な取り組みで簡潔なものが1つある。しかし、これには1、2名の生徒しか取り組んでいない。	生徒はまれに、認知的に豊かで考え抜くことを求められる、分析、創造、評価活動に取り組む。	生徒は時々、認知的に豊かで考え抜くことを求められる、分析、創造、評価活動に取り組む。	生徒は頻繁に、認知的に豊かで考え抜くことを求められる、分析、創造、評価活動に取り組む。
推論する際の多様な方法と見方 生徒は多様な解法や推論の手法を用いる。	生徒は多くの場合、問題等を解くために、1つの手法や推論の手法を用いる。または、生徒が用いている手法の数を示すエビデンスがない。	生徒は多くの場合、問題等を解くために、1つの手法や推論の手法を用いる。少なくとも1名の生徒が、2つ目の手続きや推論の手法を簡潔に用いる。	生徒は多くの場合、問題等を解くために、1つの手法や推論の手法を用いる。少なくとも1名の生徒が、2つ目の手続きや推論の手法をある程度の深さで用いる。	生徒は多くの場合、問題等を解くために、2つの手法または推論の手法を用いる。または、生徒は、問題を解くために、3つ以上の手続きまたは推論の手法をある程度の深さで用いる。
教科内容に関わる手続きと解決の過程の理解 生徒は教科内容を理解する過程に取り組む。具体的には、生徒は手続きと手続きの目標や特性を述べる、手続きや解決の過程がなぜそうなのかを述べる、解決の過程や手続きの中の要素や各段階を視覚的に述べる。	生徒は、手続きや解決の過程に取り組まない。または、生徒が手続きと解決の過程に取り組む際、手続きと解決の過程の意味に注意を払っているというエビデンスがない。	生徒が手続きと解決の過程に取り組む際、まれに、手続きと解決の過程の意味に注意を払う。	生徒が手続きと解決の過程に取り組む際、時々、手続きと解決の過程の意味に注意を払う。	生徒が手続きと解決の過程に取り組む際、頻繁に、手続きと解決の過程の意味に注意を払う。
「生徒の認知的取り組み」領域 総合的スコア				

9

資料1

「生徒の理解に対する評価と対応」領域

「生徒の理解に対する評価と対応」構成要素および領域別の総合的スコア

構成要素	1	2	3	4
生徒の考えを引き出す指導 問い、言葉がけ、課題が生徒の詳細な応答（記述や口頭）を引き出す。	生徒の考えが表れていない。	生徒の考えが少し表れている。 問い、言葉がけ、課題は、問題を解くために必要な答え、手続き、段階に関する生徒の形式的な応答をもたらすにすぎない。	生徒の考えがある程度表れている。 問い、言葉がけ、課題は、問題を解くために必要な答え、手続き、段階に関する詳細な応答をもたらす。	生徒の考えが多く表れている。 問い、言葉がけ、課題は、問題を解くために必要な答え、段階や、手続き、アイディアや概念に関する生徒の様々な応答をもたらしたり、形式的な応答は詳細的だったり、形式的な場合もある。
教員のフィードバック 教員は生徒の考えていることに対してフィードバックのやりとりを通して応答し、それは、なぜ1)生徒の考えが正しいか正しくないか、2)アイディアや手続きがそうであるかに焦点を当てている。 教員と生徒のやりとりは、扱う数学の内容が詳細である。	フィードバックのやりとりが1回あるか、ない。 教員と生徒のやりとりは、多くの場合、形式的に数学の内容を扱う。	フィードバックのやりとりが数回ある。 教員と生徒のやりとりは、多くの場合、形式的に数学の内容を扱う。	フィードバックのやりとりがいくらかある。 教員と生徒のやりとりは、形式的ないし詳細に数学の内容を扱う。	フィードバックのやりとりが頻繁にある。 教員と生徒のやりとりは、詳細に数学の内容を扱う。
生徒の考えに合わせた指導 教員は生徒からの発言や反応を活かす。 もし生徒が、数学について間違えたり、苦戦していれば、教員は生徒の理解を促すための手掛かりやヒントを与える。	教員は生徒からの応答を活かさない。 もし生徒が、数学について間違えたり、苦戦していても、教員は、生徒の理解を促すための手掛かりやヒントを与えない。	教員はごくたまに、生徒の応答を活かす。 もし生徒が、数学について間違えたり、苦戦していれば、教員は、生徒の理解を促すための手掛かりやヒントをまれに与える。	教員は時々、生徒からの応答を活かす。 もし生徒が、数学について間違えたり、苦戦していれば、教員は、生徒の理解を促すための手掛かりやヒントを時々与える。	教員は頻繁に、生徒からの応答を活かす。 もし生徒が、数学について間違えたり、苦戦していれば、教員は、生徒の理解を促すための手掛かりやヒントを頻繁に与える。
「生徒の理解に対する評価と対応」領域　総合的スコア				

10

資料2

グローバル・ティーチング・インサイト（GTI）：
授業ビデオ研究
（TALIS ビデオスタディ）
授業観察コード：
指標
2018年11月1日版

国際プロジェクト・コンソーシアム：
ランド社（RAND）（カリフォルニア州サンタモニカ）
教育試験サービス（ETS）（ニュージャージー州プリンストン）
ドイツ国際教育研究所（DIPF）（フランクフルト）

教育試験サービス（ETS）の授業観察コード担当者：Courtney Bell, Yi Qi, Margaret Witherspoon, Mariana Barragan, and Heather Howell

1

背景

GITは指導実践を6つの領域で構成する。各領域はその領域の総合的スコア、構成要素及び指標で構成される。分析者は個々の総合的スコア、構成要素または指標に関する数値化を行う。各領域の指標の説明を次頁以降に記載する。

数値化

指標は8分間隔で数値化される。分析者は、8分ずつのセグメント全体を通してビデオを観察してメモを取ったり、発話記録をたどりながら追加的なメモを取ったり、続いてビデオを止め、指標によって要求される尺度ごとの分類を割り当てる。その際、分析者は、必要に応じてビデオを再生または停止してメモを取ったり、作業中の発話記録を記入してもよい。なお、以下に挙げる指標については、セグメントを見ながらマーカーまたは強調するための目印を施すこと。他の指標については、そのセグメントのビデオを一度見終えてから判断してよい。

指標
課題にかける時間
活動の形態と頻度
粘り強さ
数学についてのまとめ
学習目標
数学のその他の単元とのつながり
現実世界とのつながり
正確さ

ビデオの終盤でセグメントが8分未満の場合、分析者は、残りの分数を直前のセグメントに付け足す、または新たなセグメントを作成するという2通りの方法のいずれかで対処する。分析対象となる残りの分数が4分以上である場合、新たなセグメントを作成する。分析対象となる残りの分数が4分未満である場合、残りの分数を直前のセグメントに付け足す。例えば以下の通りである。

ビデオの長さ	指標セグメント数
32:00	4
36:03	5
40:00	5
42:15	5
48:00	6

2

GTIの領域、領域別の総合的スコア、構成要素、指標

領域	構成要素および領域別の総合的スコア	指標
授業運営	ルーティーン モニタリング（観察） 中断や混乱への対処 授業運営（総合）	課題にかける時間 活動の形態と頻度 授業時間（直前のセグメント後の経過時間）
社会的・情緒的支援	敬意 励ましと温かさ 自発的な関わり 社会的・情緒的支援（総合）	粘り強さ クラス全体への共有の要求
対話（談話）	対話（談話）の性質 問いかけ 説明 対話（談話）（総合）	ディスカッションの機会
教科内容の質	はっきりとしたつながり はっきりとした規則性（パターン）、一般化 明確さ 教科内容の質（総合）	はっきりとした学習目標 正確さ 現実世界とのつながり 数学の他の単元とのつながり 数学についてのまとめ 表現の種類 手続きの指示の組み立て メタ認知
生徒の認知的取り組み	認知面での要求が高い教科内容への取り組み 推論する際の多様な方法と見方 教科内容の手続きの理解と手順の理解 生徒の認知的取り組み（総合）	反復練習の機会 理解のためのテクノロジー 教室でのテクノロジー 生徒が用いるテクノロジー 学習のためのソフトウェアの利用
生徒の理解に対する評価と対応	生徒の考えを引き出す指導 教員からのフィードバック 生徒の理解に合わせた指導 生徒の理解に対する評価と対応（総合）	

資料2

資料2

「授業運営」領域

「授業運営」領域の指標

課題にかける時間	1	2	3	4
セグメントの大部分は数学の学習に焦点を当てている。数学の学習に直接焦点を当てない活動または状況（例：互いへの挨拶、問題行動、教室でのルーティーン、移行・移動、関係のないディスカッション）に取られてしまう授業時間がほとんどない。数学の学習は、生徒が取り組むべき様々な活動、すなわち講義を聞く、グループ活動をする、個別に問題に取り組む等である。	セグメントの 50%以上（通常 4 分以上）が数学の学習に焦点を当てない活動、課題または会話によって失われている。	セグメントの 25%～49%（通常 2 分～3 分 59 秒）が数学の学習に焦点を当てない活動、課題または会話によって失われている。	セグメントの 24%～7%（通常 30 秒～1 分 59 秒）が数学の学習に焦点を当てない活動、課題または会話によって失われている。	セグメントの 6%以下（通常 30 秒以下）が数学の学習に焦点を当てない活動、課題または会話によって失われている。

活動の形態と頻度

使用された形態と頻度を確認する。
短め：50%または は 4 分未満
長め：50%～99%または 4 分～7 分 59 秒
セグメントの全ての時間を使用：
セグメント全体または 8 分

グループ形態での生徒の割り振り				
1.　クラス全体	不使用（1）	短め（2）	長め（3）	セグメントの全ての時間を使用（4）
2.　小グループ（3 人以上）	不使用（1）	短め（2）	長め（3）	セグメントの全ての時間を使用（4）
3.　二人組	不使用（1）	短め（2）	長め（3）	セグメントの全ての時間を使用（4）
4.　個別	不使用（1）	短め（2）	長め（3）	セグメントの全ての時間を使用（4）

授業時間	授業開始時間	授業終了時間
ビデオで録画した、授業の開始から終了までの時間。	0:00:00	

4

「社会的・情緒的支援」領域

「社会的・情緒的支援」領域の指標

粘り強さ	1	2	3	4
教員の支援の下、生徒は間違いや数学に苦戦した際に、粘り強く取り組む。	生徒は、間違えたことや、数学に苦戦したことがなかった。 または 生徒は、間違えたことや、数学に苦戦していることに気づいていない。	生徒は、間違えたことや、数学に苦戦していることに気づいている。 かつ 数学的な間違いや苦戦したことは対処されないか、または短く、または/おおよび、表面的に扱われる。	生徒は、間違えたことや、数学に苦戦していることに気づいている。 かつ 生徒は数学的間違いや苦戦したことに対して、教員の支援の下、ある程度長く、深く、粘り強く取り組む。	生徒は、間違えたことや数学に苦戦していることに気づいている。 かつ 生徒は数学的間違いや苦戦したことに対して、教員の支援の下、かなり長く、深く、粘り強く取り組む。

クラス全体への共有の要求	1	2	3
教員は生徒に対し、数学についての自分の考えを、クラス全体に共有するよう求める。 注記：小グループ（3人以上）での活動はクラス全体への共有と見なさない。	教員は生徒に対し、数学についての自分の考えを、クラス全体に共有するよう求めない。	教員は生徒に対し、数学についての自分の考えを、クラス全体に共有するよう求める。 共有された考えはあまり詳細でない。	教員は生徒に対し、数学についての自分の考えを、クラス全体に共有するよう求める。 共有された考えのうちのいくつかは、ある程度詳細である。

資料2

5

161

資料2

「対話（談話）」領域

「対話（談話）」領域の指標

ディスカッションの機会	注記：ディスカッションとは、生徒の発言が大半を占めるような、教員と多数の生徒の間での会話の広がりのある会話を指す。教員は学習目標に向かうようにディスカッションを導くが、ディスカッションの大部分は生徒の考えに基づくものであり、生徒間のやりとりで特徴づけられる。
セグメント内での指導は、明確で学習目標に焦点を当てたディスカッションに取り組ませているか。	1.　機会がない 2.　機会がある

「教科内容の質」領域

「教科内容の質」領域の指標

	1	2	3
はっきりとした学習目標 教員が授業中にクラス全体に対して、はっきり学習目標を示す度合い。 注記：生徒が同じ活動を続けている場合、数値化のスコアを直前のセグメントから繰り越してもよい。	あまりはっきりしていない 教員は、学習目標や活動をはっきり話さない、または書かない。	ある程度はっきりしている 教員は、生徒が取り組む活動、または課題（トピック）についてはっきり話す、または書く。はっきりとした学習目標は述べられていない。	かなりはっきりしている 教員は、学習目標をはっきり話す、または書く。
正確さ 授業中にクラス全体で扱う数学の内容が、事実として正しくかつ正確である度合い。教員の扱う数学には、間違いや、曖昧さが全くない。	著しく不正確 数学についてのささいな間違いや曖昧さが一つ以上ある、または重大な間違いが1つある。もし曖昧さや不正確さがあっても、それらが訂正されない。	やや不正確 授業で扱う数学に、少なくとも1つささいな間違いや曖昧さがある。もし曖昧さや不正確さがあっても訂正されない、または一貫して訂正されない。	大部分は正確 授業で扱う数学は正しく、正確である。もし曖昧さや不正確さがあれば、一貫して訂正される。
現実世界とのつながり 学習内容が、実生活の問題や生徒の生活の中での経験など、学校外の物事と関係付けられたり応用されたりする度合い。	つながりが弱い、またはない 学習中の数学の内容と、実生活の問題や生徒の生活の中での経験との間のつながりが弱い、またはない。	ある程度のつながりがある 学習中の数学の内容と、実生活の問題や生徒の生活の中での経験との間に、ある程度のつながりが最低1つある。	強いつながりがある 学習中の数学の内容と、実生活の問題や生徒の生活の中での経験とのつながりが2つ以上あるか、強いつながりが最低1つある。

資料2

7

163

数学の他の単元とのつながり

扱っている単元が、他の数学の単元と関係付けられる度合い。

注記：グラフの作成を含む二次関数と、平方完成などの幾何学的な方法は、他の数学の単元と見なされない。

1 つながりが弱い、またはない	2 ある程度のつながりがある	3 強いつながりがある
数学の単元と、他の数学の単元との間の関係が弱い、または ない。	学習中の数学の単元と、他の数学の単元との間に、ある程度の関係が最低1つある。	学習中の数学の単元と、他の数学の関係の単元との間に、ある程度、または強い関係が2つ以上ある、または強い関係が最低1つある。

数学についてのまとめ

その授業で扱った数学のまとめが、教員や生徒により提示された度合い。まとめとは、その授業で学習した内容や、学習すべきであった内容の振り返りを示す。

注記：2つ以上のまとめがある場合、最も良いものを数値化すること。

1 曖昧なまとめ	2 ある程度のまとめ	3 明確なまとめ
学習中の数学についてのまとめがないが、まとめがはっきりしない、またはおよび、曖昧である。	学習中の数学について、はっきりとしたまとめが少なくとも1つある。まとめは、クラスで行った数学の学習活動を少し振り返っている。そのまとめは明確な場合もあれば、曖昧な場合もある。	学習中の数学について、はっきりとしたまとめが少なくとも1つある。まとめは、クラスで行った数学の学習活動をかなり多く振り返っている。そのまとめは他の単元または他の一般的でない。

表現の種類

表現の種類	セグメントのどこかの時点で使用された表現の種類。
各セグメントで、セグメントのどこかの時点で使用された表現の種類を確認する。表現は、問題または解の一部として現れることがある。生徒が使用する場合もあれば、教員が使用する場合もある。1つでもあれば、それを記録する。	グラフ（例：棒グラフまたは線グラフ） 　1－ない　2－ある 表（表は、数、記号または言葉を並べ、一連の事実または関係を明確、簡潔かつ包括的に示す形式を指す） 　1－ない　2－ある 図または図式（図は問題を解くために必要な情報を含んでいなければならない。もし一定の特徴を強調するために記号が空間的に配置される、ある一定の特徴を含んでいる記号を指している。あるいは一般的な記号が使用されている）は、図と見なされない。 印が使用される場合（例：等号の代わりに矢印が使用されている）は、図と見なされない。） 方程式（例：$y = ax^2 + bx + c$）と式（例：$2x^2 + 3x$） 　1－ない　2－ある 実物（実物、例えば紙、エッフェル塔やサンフランシスコの金門橋の模型など） 　1－ない　2－ある

資料2

手続きの指示の組み立て	1 少し組み立てられている	2 適度に組み立てられている	3 良く組み立てられている
手続きを説明したり、手続きの段階を説明したりする際の、内容の組み立て・正しさの度合い。手続きとは、数学的アルゴリズムや課題を解くための指導を指す（例：新しい手続きの提示、以前学習した教材の振り返り、問題を解くという文脈で使用した段階や手順）。	手続きがほとんど、または全くない。 または 提示された手続きはある程度正しい または 提示された手続きは正しいが、特に良くは組み立てられておらず、かつ詳細でない（曖昧である等）。	提示された手続きは正しいが、特に良く組み立てられてはいない。 または 特に詳細ではない。	提示される手続きは正しく、良く組み立てられていて、詳細である。

9

資料2

「生徒の認知的取り組み」領域

「生徒の認知的取り組み」領域の指標

メタ認知	1 メタ認知がない	2 ある程度のメタ認知がある	3 程度の高いメタ認知がある
教員は生徒に対し、自分の考えを省察するようはっきり求めることにより、メタ認知的活動に取り組ませる。	生徒はメタ認知的活動に取り組むことを求められない。	生徒は、短く、または/および、表面的にメタ認知的活動に取り組むことを求められる。	生徒はより長く、または/および、はある程度深くメタ認知的活動に取り組むことを求められる。

反復練習の機会	1 反復練習がない	2 いくらか反復練習がある	3 反復練習が多くある
生徒は特定の技能または手続きの反復練習に取り組む。	生徒は特定の技能または手続きの反復練習に取り組まなかった。	生徒は、セグメントの半分未満の時間で、特定の技能または手続きの反復練習に取り組んだ。	生徒は、セグメントの半分以上の時間にわたり、特定の技能または手続きの反復練習に取り組んだ。

理解のためのテクノロジー	1	2	3	4
生徒は概念的理解のためにテクノロジーを利用する。	電気を必要とするテクノロジーが利用されていない。	テクノロジーがコミュニケーションを目的に利用されている。	テクノロジーは主にコミュニケーションを目的に使用されているが、概念的理解を部分的に支援するために1回利用される。	テクノロジーが概念的理解のためだけに使用されている、または、概念的理解とコミュニケーション両方の目的で使用されている。概念的理解を支援するために2回以上使用されている、または、全体的に支援するために最低1回は使用されている。

10

166

教室でのテクノロジー	テクノロジーの定義：電気を必要とする道具。
どのテクノロジーが利用されたかを確認する。	1. 実物投影機(OHP)または書画カメラ(ビジュアライザー) 2. スマートボードまたはプロジェクター 3. グラフ電卓 4. グラフ化の機能がない電卓 5. コンピューターやノートパソコン 6. テレビ 7. タブレット 8. 携帯電話 9. 電気を必要とするテクノロジーの利用はない

生徒が用いるテクノロジー	テクノロジーの定義：電気を必要とする道具。
どのテクノロジーが利用されたかを確認する。	1. グラフ電卓 2. グラフ化の機能がない電卓 3. コンピューターやノートパソコン 4. タブレット 5. 携帯電話 6. 電気を必要とするテクノロジーの利用はない

学習のためのソフトウェアの利用	
シミュレーション、指導用のゲーム、双方向型グラフ作成を通して、数学の学習事項の補助や支援のために、指導用ソフトウェアが使用されているか。	1. ない 2. ある

11

167

グローバル・ティーチング・インサイト（GTI）： 授業ビデオ研究

（TALISビデオスタディ）

授業資料

領域, 構成要素, 教材コード

2018年11月1日版

国際プロジェクト・コンソーシアム：
ランド社（RAND）（カリフォルニア州サンタモニカ）
ドイツ国際教育研究所（DIPF）（フランクフルト）
教育試験サービス（ETS）（ニュージャージー州プリンストン）
ランド社（RAND）の授業資料作業担当者：Brian StecherおよびJonathan Schweig

1

GTI 授業資料領域／構成要素／教材コード

本マニュアルの使い方

　本マニュアルでは、GTI授業資料の領域、構成要素および教材コードを説明する。GTIにおける授業資料とは、対象単元の授業のために準備された、指導案、教具などや、対象単元の内容が含まれるテストなどを指す。本マニュアルは分析者が構成要素の意味と様々な数値化の基準の違いを理解する上で役立つよう設計されている。

2

目次

資料3

3

はじめに

本マニュアルでは、GTI調査で収集される授業資料の数値化におけるルールを説明する。

GTIは指導実践を6つの領域で構成する（表1参照）。これらの領域は、本研究の概念的枠組となる数学の学習における主要な要素を表している。各領域の中には1つまたは複数の構成要素があり、これらは、収集された授業資料に基づいて数値化が可能な、本研究で扱う特定の側面を示している。構成要素は、教員が指導を行う意図や生徒に与えられる学習機会等の側面が把握できるように考案されている。構成要素別の基準の説明が後続頁に記載されている。

特定の日に収集された1回分の授業資料を1つのセットとし、分析者は構成要素ごとに数値化する。結果として、各教員の単元前半の授業2回および単元後半の授業2回の計4回分の資料、すなわち①1回目にビデオ撮影を行った授業、②その次の授業（①の次の授業）、③2回目にビデオ撮影を行った授業、④その次の授業（③の次の授業）の4セットの授業資料が分析対象となる。

これら4セットの授業資料に加え、二次方程式の単元内容を含むテストも授業資料として数値化されている。これらには下表の中でアスタリスク（*）が付記されている。なお、効率的に作業を進めるため、構成要素は表1に記載の順序とは異なる順序で数値化されることもある。

資料3

表1　教材コードの領域および構成要素

領域	構成要素
授業運営	この構成要素は授業資料では数値化されない
社会的・情緒的支援	この構成要素は授業資料では数値化されない
教科内容の質	教材の正確さ
	はっきりとした学習目標
	多様な生徒のニーズへの対応
	数学的表現のつながり*
	はっきりとした規則性（パターン）と一般化*
	現実世界とのつながり*
対話（談話）	説明の要求*
生徒の認知的取り組み	多様な数学的手法の利用*
	技能や手続きを練習する機会
	理解のためのテクノロジー
生徒の理解に対する評価と対応	生徒による自己評価

4

数値化に関する一般原則

　以下の数値化に関する一般原則は、全ての構成要素の分析に用いる。

1. 授業資料のセットが欠落している場合、またはその授業資料のセットに数値化の基となるエビデンスが十分に含まれていない場合、分析者はそれを「欠落」または「数値化不可」とし、そのセットのどの構成要素に対しても数値化は行わない。（注記：不十分なエビデンスは、望ましい特徴が存在しなかったというエビデンスとは異なる。）

2. セットごとに授業資料全体を確認し、数値化可能と判断した場合、分析者は各スコアの基準に基づき1〜3の範囲で数値化する。

3. 分析者は、収集した多様な授業資料に対して、その日に利用可能なあらゆるエビデンスを集約し、当該授業における授業資料の中の最高レベルのエビデンスを基にして構成要素のスコアを割り当てる。

4. 授業資料が別の内容（例えば一次不等式に関する内容）を示すが、明らかに撮影対象の授業資料として収集されたものである場合、他の授業資料のセットと同等のものとして数値化する。

5. ある1セットの授業資料の中に、分析対象単元の授業以外の指導内容を含む「単元指導計画」がある場合、分析者は、単元指導計画の中の数値化の対象となる授業のみに対して、エビデンスを基に数値化する。

6. 構成要素に関する唯一のエビデンスが単元指導計画を基にしたものであり、授業の課題または活動の正確な判断が難しい場合、分析者は当該する構成要素に2より高いスコアを割り当てないようにする。例えば、ある単元指導計画において、「グラフと関数で活動する」予定が記載されていて、これがその日の授業で生徒が多様な表現を使って活動することとして構成要素「数学的表現の関連付け」に対して数値化するための唯一のエビデンスとなる場合、そのスコアは2以下になる。

7. ある1セットの授業資料の中に他の単元に関する教材が含まれる場合、分析者はその授業資料のセットにおける構成要素の数値化に、その教材のエビデンスを含める。そのエビデンスが、二次関数または二次方程式に焦点を当てない内容のものであったとしても同様である。例えば、ある1セットの授業資料で現実世界への活用に関する内容が線形関係についての内容のみの場合でも、分析者はそのエビデンスを用いて「現実世界とのつながり」を（生徒の学習の程度に応じて）2または3に割り当てる。

8. 各国・地域のマスター分析者は、授業資料に関するその地域特有の教育慣例を把握し、分析者全員とそのような慣例を共有すべきである。例えば、イングランド（英国）では、授業内で様々な問題を基本的な問題や難しい問題として区別するために特定の色分け（赤、黄、緑）を使用するが、多くの場合、この区別については はっきりと説明されない。ドイツでは、授業中に生徒に「正当化（解答の理由を示すこと）」を求める際、実際に生徒に求められているのは「どのように」正当化できるかの説明ではなく、「なぜ」正当化できるかの説明であることが多い。マスター分析者はそうした慣例を分析者全員に説明して、各国・地域の分析者全員がそれらを同じように解釈するべきである。

9. ホワイトボードの写真またはビデオから取得された静止画像を参照する際、分析者は、その作業を生徒が行ったという具体的エビデンスがない限り、教員による作業であったと想定するべきである。

10. 授業資料のタイトルまたはページの見出しから、授業の内容が特定の方法や手法の学習であると分かる場合は、問いや問題が曖昧であっても、教員が生徒に特定の手法の使用を求めていると想定するべきである。例えば、タイトルが「平方完成による二次方程式の解法」であり問題が10問出された時、教員から具体的な方法が示されない場合でも、分析者は、生徒は平方完成で問題を解いていると想定するべきである。

11. 単元末テストにおいては、二次方程式または二次関数に加えて他の単元の内容も問題に含まれる場合（例えば四半期毎の評価等）、二次方程式と二次関数に関連する部分のみを数値化する。

12. 生徒個人の学習活動は考慮するべきではないが、もしそれがクラス全体で共有されたものであれば含むべきである（グループ内での共有やクラス全体での共有）。

　授業資料教材の例については、各スコアの基準を示すOECDによるTechnical Document (Annex C - Artefact Rating Materials C2 Artefact Scoring Manual) を参照すること。

数値化の可能性

　調査対象日に提出された全ての教材を見渡して、授業または単元内容に関する数値化を行うための十分な情報があるかどうかの総合的な判断を下す。通常、授業資料のセットには授業または単元内容に関する数値化を行うための十分なエビデンスが含まれる。

　しかし、数値化するための情報が足りないこともある。希に、1ページまたは画像しか存在せず、この教材が授業で使用された経緯または程度を把握することができないということも予想される。

	はい(1)	いいえ(0)
ある指導日の授業資料がアップロードされなかった、または利用可能なものがない。		
授業資料はアップロードされたが、授業でどの教材が使用されたか、あるいはその指導日に行われた活動の性質を判断することができない。		
授業を数値化する上で、十分なエビデンスが授業資料のセットに含まれている。		

数値化に関する注記：
1.　「はい(1)」に該当するものを1つ選び、他の2つを「いいえ(0)」とする。

資料3

数学的表現のつながり

同じ数学的な考えについて多様な表現を関連付けるように生徒が求められる程度。	
1　低	個々の数学的な考えが単一の形態（例：表、グラフ、図、方程式）で表現される、または、複数の表現があるが全く関連付けられていない（例：生徒は1組の問題で表を完成するが、別の組の問題では方程式を解く）。
2　中	教員または授業教材が、同じ数学的な考えについて多様な表現をはっきり関連付ける（例：教員が平方完成の幾何学的表現を作り出す、二次関数のグラフは放物線の形であることが教科書に記載されている）。
3　高	生徒が、同じ数学的な考えについて多様な表現を関連付けるよう求められる。場合によっては、生徒に数学的なつながりを1つの形式で示され、それを別の形式で表現するよう求められる（例：関数が与えられ、生徒が表とグラフを作成する；文章題が与えられ、生徒が方程式を作成して解くよう求められる；1枚の紙を折って作った箱が与えられ、生徒が箱の寸法と容積を関係付けた関数を作成するよう求められる）、また場合によっては、生徒は多様な表現を比較し対比するよう求められる（例：a、b、cの値が関数のグラフの特徴にどう関連するか説明する）、または、生徒が多様な表現を関連付けるよう求められる場合がある（例：生徒は放物線のグラフと方程式を一致させなければならない）。

二次方程式を含む単元テストはこの構成要素で数値化される。

構成要素の数値化に関する注記：「数学的表現のつながり」に関する授業資料のセットを数値化する際は以下を考慮すること。

1. 表現の例として以下が挙げられる：文章表現（言葉で完全に記述された数学的関連性）、記号表現（式、関数および方程式を含む）、視覚的表現（表、グラフおよび図形を含む）、および物理的表現（糸、箱、球および他の物理的物体）。
2. たとえ教員または教材が生徒向けの指針を示す（例：表の一部が埋められ、生徒は残りの値を埋める必要がある）場合であっても、生徒は数学的関係の表現を完成させてからそれを別の表現に関連付けるよう求められる場合、分析者はスコアを3とすること。
3. 文章表現は完全に数学的関係が示されなければならず、ただの文脈や場面設定、適用を示すものは該当しない。例えば、少年がボールを空中に投げる様子が描写されたあとに、二次方程式が示されているような場合は、ボールの高さを文章表現したものとはみなされない。似たように、「二次曲線」や「放物線」のようなグラフのラベルは、文章表現として数えない。

7

はっきりとした規則性（パターン）と一般化

生徒が数学的な規則性や反復的推論を活用して量的関係を理解し、一般的な（広く通用する）主張を行う、あるいは一般的な方法または規則や法則を導き出すことを求められる程度。 一般化には、ルールからスタートしてそれを個別の事例に当てはめるのではなく、一連の例からルールを導き出す作業が関係する。	
1　低	数学的規則性または反復的推論を活用して量的関係を理解する、一般的な（広く機能する）主張を行う、あるいは一般的な方法または規則や法則を導き出すという事例が全くない。むしろ、授業で行うのは規則や法則の機械的な適用や技能の反復練習であるが、反復が一般的な方法または規則や法則の展開に活かされない（例：x2 + bx + cを解くため、合計するとb、かけるとcを作ることができる2つの因数を求める；生徒は二次方程式の解の公式を示され、xについて多数の方程式を解くよう求められる；生徒は複数の二次式を因数分解するが、因数分解の一般的な規則を展開することを求められるわけではない）。
2　中	授業で数学的な構造、規則性または反復的推論を活用して量的関係を理解させる、一般的な（広く通用する）主張を行わせる、あるいは一般的な方法または規則や法則を明確にさせるが、生徒は自力でそれらを展開または特定するわけではない（例：教員はいくつかの二次関数と放物線を示す；二次方程式に関連付けられた放物線の頂点は常に-b / 2aにあることにさせる；いくつかの二次方程式の判別式を評価する：0、1つ、または2つの異なる実数解がある二次方程式の値を求める）。
3　高	授業で数学的な構造、規則性または反復的推論を活用して、量的関係、数学的主張、あるいは一般的な方法または規則や法則を導出または予測するよう求められる。場合によっては、関連する一般的な規則や法則が正しい理由、または正しくなる条件を説明するよう求められる（例：生徒は因数分解された形の二次方程式を示され、この方程式を解くのに役立てることができる積に関する知識を尋ねられる；生徒は多数の方程式を因数分解によって解くよう求められ、bとcの値に基づいて因数を見つける方法を展開するよう求められる；実数解を持つ多数の二次方程式を解いた後、生徒は二次方程式には2つの異なる実数解が存在することが常に正しいかどうかを尋ねられる）。

二次方程式を含む単元内容に関する評価はこの構成要素で数値化される。

構成要素の数値化に関する注記：「はっきりとした規則性（パターン）と一般化」に関する授業資料のセットを数値化する際は以下の事項を考慮すること。

1. 問題の文脈で「説明する」という言葉があったとしても、それはスコア3を付けてよいという意味ではない。スコア3に値するのは、一般化された原則または関係に関して説明がされる場合のみである。
2. 教員または授業の教材によって、クラス全体で一般的な主張を示す場合は、スコア2である。
3. 手順や手続きの流れを示すことは一般化とはみなさない。手続きの流れの一部を空欄にし、当てはまる言葉を入れるといった活動も同様である。

8

現実世界とのつながり

数学学習が数学以外の現実世界（生徒の生活の中での経験など）の文脈に関連付けられ、または活用され、文脈の特徴が活動に組み込まれる程度（例えば、問題の解き方との関連性）。	
1　低	数学と他の文脈（生徒の生活の中での経験など）との間に何ら関連性がない。
2　中	授業中の数学の一部は現実世界の文脈中に示されているが、その文脈は活動のためには不必要である、または、数学と現実世界の文脈を関係付けたモデルが生徒に与えられている（例：空中に発射される砲弾の高さを時間関数として表す方程式が示され、生徒は砲弾が最高点に達する時点を算出するよう求められる）。
3　高	生徒は数学を現実世界の文脈に関連付け、または活用する方法を見つけ出さなければならない。場合によっては生徒がある状況に適する数学モデルの開発を求められる（例：生徒は紙を折り畳んで指定される容積の箱を作る方法を見つけ出すよう求められる）、あるいは場合によっては生徒が文脈的情報を使って数学的関係を説明するよう求められる（例：生徒は問題のパラメーターの範囲内で解法が妥当か否かを回答する、あるいはモデルまたはグラフの特徴を特定の現実世界の文脈内で解釈するよう求められる）。

二次方程式を含む単元内容に関する評価はこの構成要素で数値化される。

構成要素の数値化に関する注記：「現実世界とのつながり」に関する授業資料のセットを数値化する際は以下の事項を考慮すること。

1. 分析者は文脈の合理性または信憑性を判断するのではなく、単に現実世界の出来事、状況または活動との関連性の有無を判断すること。
2. 現実世界の文脈の中で数学的モデルを作っていくことが、クラス全体の協同的な活動として意図されている場合は、授業資料のスコアは3ではなく2とすること。
3. 注：幾何学的形状（例：長方形、正方形）の特性に関連する質問は、形態が柵、道、囲いなどの形でない限り、現実世界の状況とみなされない。

9

説明の要求

生徒が数学的な手続きおよび概念に関する自分の考えを説明または正当化するよう求められる程度。生徒は数学的な問題解決の過程、考え、関係を説明したり、あるいはそうした問題解決の過程が機能する理由、式が等しい理由、数学的関係が正しい理由、または量的理由付けが正当もしくは妥当である理由を議論したりすることを求められる。

1　低	生徒は、事実または定義を思い出す、あるいは計算に従うよう求められる場合もあるが、数学的手続きが機能する、式が等しい、数学的関係が正しい、あるいは量的理由付けが正当または妥当であることについて、「どのように（How）、またはなぜ（Why）」の説明は求められない。
2　中	生徒は、手続きの実行方法を説明するか、あるものが別のものとどのように関連しているかを説明するか、手続きが特定の状況で機能する理由または効果的である理由を正当化することによって、数学的な考え方を伝えるよう求められる。例えば、生徒は平方完成に使用した一連のステップの説明を求められる、自分が何をやったかを示すよう求められる、グラフの形と二次関数の係数がどのように関連するのか説明を求められる、あるいは特定の二次方程式を解くために平方完成がより効率的な手続きである理由の説明を求められる場合がある。
3　高	生徒は、手続きを実行する方法や数学的特徴がどのように関連しているかを説明し、手続きが特定の状況で機能する理由や効果的である理由を正当化することによって、数学的な考え方を伝えるよう求められる（例：生徒は二次方程式を解き、自分が使用した方法とその特定の方法を使用した理由を説明するよう求められる）。

二次方程式を含む単元内容に関する評価はこの構成要素で数値化される。

構成要素の数値化に関する注記：「説明の要求」に関する授業資料のセットを数値化する際は以下の事項を考慮すること。

1. 生徒が教員に何を期待されているのかを授業資料だけに基づいて知るのは困難な場合がある。教員が生徒に教材を用いて「自分の答えを説明する」よう要求するものの、授業資料に記述された「説明」の意味が明瞭でない場合、授業資料のスコアは2とすること。
2. 生徒は、自分の考えが正しいことを他者に分かるように述べるといった「正当化」を行うよう求められる場合がある。授業資料において生徒に「正当化」を求める記述があるものの、その意味するところが明確でない場合、授業資料のスコアは2とすること。
3. スコア3については、ある場面において、生徒が「どのように」と「なぜ」の両方を説明するよう求められる必要があるが、複数の問題や活動に対しては、個々の問題や活動それぞれに「どのように」と「なぜ」の両方を説明するよう求められる必要はない。

資料3

10

多様な数学的手法の使用

	生徒が単一の数学的な課題または活動（または一連の類似する複数の課題または活動）を完了することと、異なる方法の関係の理解を目的に、複数の方法またはアプローチを用いるよう求められる程度。
1　低	生徒は、単一の課題または活動、あるいは一連の類似する複数の課題または活動を完了するために、複数の数学的方法またはアプローチを用いることは要求されない。教員または教材が特定の事例で用いるべき手法を指定している、または、他の指導教材より用いるべき手法が明らかとなっている（例：生徒は「以下の二次方程式を因数分解を用いて解きなさい」、「次の問題を平方完成を用いて解きなさい」と書かれた問題用紙を配られる、あるいは同じ方法を用いて解くことができる一連の類似する問題など、解く方法に繋がるような例がある）。
2　中	生徒は、単一の課題または活動、あるいは一連の類似する複数の課題または活動に取り組むために異なる数学的方法を用いることができる（例：生徒は「以下の二次方程式を解きなさい」と書かれた問題用紙を配られ、そこには異なる方法を用いると効率的に解くことができる二次方程式が記載されている、あるいは、複数の方法を用いて解くことができる文章題を与えられる）。
3　高	生徒は、単一の課題または活動、あるいは一連の類似する複数の課題または活動に取り組むために異なる数学的方法を用いるよう要求される。あるいは、生徒が様々な手法を比較するよう求められる（例：生徒は1つの二次方程式を示され、それを異なる方法を用いて解くよう求められる）。

二次方程式を含む単元内容に関する評価はこの構成要素で数値化される。

構成要素の数値化に関する注記：「多様な数学的手法の使用」に関する授業資料のセットを数値化する際は以下の事項を考慮すること。

1. 授業資料のタイトルまたはページの見出しから、その授業の内容が特定の手法やアプローチに関するものであることが読み取れ、かつ、そのページの問題について別のアプローチを使わせるという指示がない場合は、その特定のアプローチを使うことを生徒に求めているとみなすこと。例えば、ある授業でのトピックが「平方完成による二次方程式の解法」で、10問の問題が出されるが具体的な方法が示されない場合、分析者は、生徒は平方完成で解いていると想定すること。
2. 問題の文脈が、用いるべき特定の方法をはっきり意味している場合、分析者は、問題からその方法を推察すること。
3. 数学的ではない手続き（多肢選択問題における4つの選択肢全ての試行を含む）は分析対象外である。
4. 解答や答えを比較するだけでは、生徒が手法やアプローチを比較するエビデンスにはならない。
5. グラフを用いた分析的な解答が求められる場合は、授業資料のスコアは3とすること。
6. 問題の中で特定の方法を使うように指示がない限り、文章題はいつも複数の手法やアプローチで解答できるものと想定すること。

11

はっきりとした学習目標

教員が生徒の数学の学習目標を明確に掲げる程度。	
1　低	授業の内容または学習目標が全く明確にされていない。
2　中	授業計画（他の教材を含む）に、対象となる課題（トピック）または実施する活動が記載されているが、生徒の学習目標が記載されていない（例：授業計画では正方形の面積と二次式の因数の関係を示すことになっている、授業写真から教員がその日の主要な課題を黒板に書いていることが分かる、または問題用紙に「平方完成」と書いてある）。
3　高	授業計画（他の教材を含む）に、生徒の具体的な学習目標のほか、対象となる課題（トピック）や実施する活動など、授業における他の側面も記載されている。スコア3（高）をつけるには、生徒の学習、熟達または理解に具体的に言及する形で目標が組み立てられていなければならない。

構成要素の数値化に関する注記：「はっきりとした学習目標」に関する授業資料のセットを数値化する際は以下の事項を考慮すること。

1. 計画または目標が明確にされていない場合、それらを推察しないこと。
2. 生徒の態度または姿勢に関連する目標を考慮しないこと（例：問題を解く際の柔軟性、数学の楽しみ）。
3. 授業の目標を、一連の活動または授業資料における他の特徴に基づいて推察しないこと。
4. スコア3（高）をつけるには、生徒の学習または理解に具体的に言及する形で目標が組み立てられていなければならない（「生徒」という言葉が必ずしも登場しなくてもよいが、生徒に対する目標または学習目標が明確に示されているべきである。例えば、「（生徒が）平方完成によって二次方程式を解くことができるようになる」、「（生徒が）係数 a、b、c の値に応じて二次方程式を解く適した方法を選び出せるようになる」、「（生徒が）放物線の特徴とそれを表わす方程式の関係を理解する」、「目標：一部の二次方程式には実数での解法がないが、その理由を理解する」）。

12

生徒の多様な学習ニーズへの対応

生徒の学習ニーズ（例：必須の基礎知識、国語力、特別な支援）に対する、授業内容を変更できる準備状況の程度。生徒自身が、自分の学習ニーズに合った様々な活動を選べるかどうかも含む。	
1　低	生徒の能力レベル、または個別の学習ニーズに対して授業内容を変更できない。
2　中	生徒の数学的能力レベルに対して、数学の活動内容が変更または修正される。他の生徒より学習が速い生徒に対して、高度な内容を与え発展的な学習の機会を設ける、あるいは苦戦している生徒に対して、支援または復習などの別の方法が提供される。例えば、授業内容が、二次の係数が「1」である二次方程式の因数分解であるとき、教員は一部の生徒に、二次の係数を他の整数に変えた二次方程式の因数分解を試みるよう指示する、あるいは苦戦している生徒に対して、必須の基礎知識や概念を復習する時間をとるといった対応をする。
3　高	授業では、発展的学習と支援・復習の機会の両方を提供している。

資料3

構成要素の数値化に関する注記：「生徒の多様な学習ニーズへの対応」に関する授業資料のセットを数値化する際は以下の事項を考慮すること。

1.　「発展」や「チャレンジ」のようなタイトルが付いている問題や活動は、学習が進んだ生徒への発展的な学習とみなす。「選択問題」や「追加問題」のように示されている問題や活動は発展や支援・復習の機会の選択肢としてみなさない。

13

技能や手続きを練習する機会

授業において、特定の数学的な技能または手続きの練習または反復を通じて習得する機会が生徒に提供される程度。		
1　低		授業において、特定の数学的な技能または手続きを反復して習得する機会が与えられていない。技能を反復的に用いる機会または手続きを練習する機会もない。
2　中		授業において、数学的な技能または手続きを反復練習する機会があり、その回数が5回以内である（例：プリントに「因数分解で解く」という見出しの問題が3つ記載されている）。
3　高		授業において、特定の数学的な技能または手続きを反復練習する機会があり、その回数が6回以上である（例：「以下の方程式を因数分解せよ」という問題に10の方程式を解く宿題が出される、授業計画に「各自で練習」というタイトルで10分間の時間枠が設けられている）。

構成要素の数値化に関する注記：「技能や手続きを練習する機会」に関する授業資料のセットを数値化する際は以下の事項を考慮すること。

1. 数学的な技能と手続きの例として以下が挙げられる：平方完成による二次方程式の解法、因数分解による二次方程式の解法、二次方程式の解の公式の使用による二次方程式の解法、グラフを用いた二次方程式の解法、共通因数でくくる二次関数の作成、二次関数グラフの変換、判別式の値と二次方程式の解法の数の関係の検討、解の公式と二次方程式の現実の文脈への適用、特殊な形をした二次方程式において二次方程式を解く適切な方法の選択と応用。
2. 解く問題に生徒が割り当てられていることは明らかであるものの、問題の種類または数がはっきりしない場合（例：宿題の割り当てに言及しているが問題の写しがない）、授業資料のスコアは2とすること。

理解のためのテクノロジー

数学授業の一環として、生徒が ICT 学習ツールを用いることで、数学的な概念と関係に関する理解を深めたり、予想を立てて検証したり、規則性を探したりする機会が与えられる程度。	
1　低	授業でテクノロジーを用いない、あるいはコミュニケーションをより効率的にするためだけに使用する（例：生徒がスライドを見る）。
2　中	授業でテクノロジーを、計算またはグラフ作成の効率化（例：電卓）、指導の強化（例：インターネットでの指導ビデオ）、練習、評価、または教員による生徒の理解の把握（例：オンラインでの練習問題、クイズまたはレポート）、あるいは答えの確認（例：生徒は電卓を使って各自の答えを確認するよう指示される）のためのツールとして用いる。
3　高	授業でテクノロジーを、数学的関係の探究や生徒の理解を深めるために用いる（例：動的グラフ作成ツール、双方向型データ収集／モデリングツール）。

資料3

15

生徒による自己評価の促進

生徒が、学習した内容に対する自分なりの理解を評価する、あるいは、自身の学習を見直すよう求められる程度。		
1　低		生徒は、授業で取り上げられた内容に対する自分なりの理解の評価、あるいは自身の学習を見直すことは求められていない。
2　中		生徒は、授業内容に対する自分なりの理解を評価することを求められるが、それは広義で一般的なものに限られている（例：「この内容の理解について、どの程度自信がありますか？」）。
3　高		生徒は、授業内容に対する自分なりの理解について、詳しく具体的に評価することを求められる（例：「以下の技能、手続きまたは関係それぞれに対して、自分なりの理解の程度を数値化しなさい」、「この授業で学んだことを説明しなさい」、「今日の授業についてまだ理解していない事を列挙しなさい」）。

構成要素の数値化に関する注記：「生徒による自己評価の促進」に関する授業資料のセットを数値化する際は以下の事項を考慮すること。

1. エビデンスは、授業計画のほか1回の授業ごとの教材、例えば自己評価チェックリストまたは見直しのための教員による質問の中に含まれている場合がある。
2. テストやクイズは必ずしも自己評価の材料になるわけではない。生徒が、自分なりの理解を記述する、または見直すよう教員に求められていなければならない。
3. 自己評価は（特定のグループだけでなく）生徒全員を対象にしたものでなければならない。
4. その授業に関する大まかな「議論」、授業内容のまとめ、あるいは他の生徒との解法の比較ではなく、生徒自身の学習について自己評価が求められているかどうかを判断すること。

資料3

16

扱われた学習事項

1回の授業資料に、以下の学習事項が取り上げられたかどうかのエビデンスが含まれているか？	はい（1）	いいえ（0）
平方完成による二次方程式の解法		
因数分解による二次方程式の解法		
二次方程式の解の公式の使用による二次方程式の解法		
グラフを用いた二次方程式の解法		
共通因数でくくる		
$ax^2 + bx + c = 0$の様々な事例に関するa、b、cの値に応じた議論		
二次関数の利用		
判別式の値と二次方程式の解法の数の関係の検討		
実生活場面への数学の活用		

構成要素の数値化に関する注記：学習内容の履修状況について、「はい（1）」または「いいえ（0）」とする。

1. これらの学習事項にはいくつかの重複がある。例えば「因数分解による二次方程式の解法」が「はい（1）」とされたら、「因数分解」も「はい（1）」とするべきだが、逆はその限りではない。
2. 同様に、例えば「平方完成による二次方程式の解法」が「はい（1）」とされたら、「因数分解」も「はい（1）」とするべきだが、逆はその限りではない。
3. 授業資料のセットについて、構成要素「現実世界とのつながり」がスコア2あるいは3とされたら、扱われた学習事項の「実生活場面への数学の活用」は「はい（1）」とされるべきである。構成要素「現実世界とのつながり」がスコア1とされたら、扱われた学習事項の「実生活場面への数学の活用」は「はい（1）」とされるべきである。

資料3

17

教材の正確さ

数学授業で使用する教材の正確さ。	
1　不正確	教材に重大な数学上の誤りがある（例：授業中に使われた問題や教材中に示された問題に対して、解答が正しくない、用語が正しく定義されていない、等しくない2つの式が等式で示されている）。
2　正確	教材における数学の内容が正確である。

構成要素の数値化に関する注記：「教材の正確さ」に関する授業資料のセットを数値化する際は以下の事項を考慮すること。

1. 重大と見なされる誤りは、不正確に問題が使われた（例：解答が正しくない）、用語の定義が正しくない、あるいは2つの等しくない式が等しく扱われた場合の3種類である。

18

指導と学習の国際比較

よりよい数学授業の実践に向けて

OECD グローバル・ティーチング・インサイト（GTI）授業ビデオ研究報告書

2021 年 4 月 9 日　初版第 1 刷発行	編　者：国立教育政策研究所
	発行者：大江道雅
	発行所：株式会社明石書店
	〒 101-0021
	東京都千代田区外神田 6-9-5
	TEL　03-5818-1171
	FAX　03-5818-1174
	http://www.akashi.co.jp
	振替　00100-7-24505

装丁：谷川のりこ

組版：朝日メディアインターナショナル株式会社

印刷・製本：モリモト印刷株式会社

（定価はカバーに表示してあります）　　　　　　　　　　ISBN978-4-7503-5189-6